WERNER BECKER

Briefe an Carl Schmitt

WERNER BECKER

Briefe an Carl Schmitt

herausgegeben und
mit Anmerkungen versehen von

Piet Tommissen

Duncker & Humblot · Berlin

Die Deutsche Bibliothek – CIP-Einheitsaufnahme

Becker, Werner:
Briefe an Carl Schmitt / Werner Becker. — Hrsg. und mit Anm. vers. von Piet Tommissen. — Berlin: Duncker und Humblot, 1998
ISBN 3-428-09200-7

Alle Rechte vorbehalten
© 1998 Duncker & Humblot GmbH, Berlin
Satz: Fotosatz Voigt, Berlin
Druck: Berliner Buchdruckerei Union GmbH, Berlin
Printed in Germany
ISBN 3-428-09200-7

Inhalt

Piet Tommissen:
    Einleitung 7

Die Briefe 25

Anlagen 109
    A. Zwei Briefe 111
    B. C. S.s Bonner Doktoranden 122

PIET TOMMISSEN

Einleitung

Carl *Schmitt* (1888 - 1985) (im folgenden: C. S.) stand während seines gesamten Lebens mit vielen bedeutenden Persönlichkeiten in reger geistiger Verbindung. Seine Korrespondenz war überaus umfangreich. Bedauerlicherweise ist diese trotz der bewunderungswürdigen Dokumentensammlung C. S.s unvollständig. In seinem Archiv erhalten haben sich die an ihn gerichteten Schreiben, während oftmals seine eigenen Schreiben, von denen er meistens keine Kopie zurückbehielt, verloren gegangen sind. So finden sich in seinem Nachlaß fast alle Briefe, die der langjährige Leipziger Studentenpfarrer Werner *Becker* (im folgenden: W. B.) an ihn gerichtet hat. Diese Briefe umfassen einen Zeitraum von 55 Jahren. Sie beginnen im Jahre 1923, als der damals junge Jura-Student und Doktorand W. B. seinem Lehrer C. S. über den Stand seiner Forschungen an dem von diesem angeregten Promotionsthema berichtete. Sie enden mit einem Schreiben vom 10. Oktober 1978, in dem der Absender wie in einer Summa die Jahre der Beziehung zwischen den beiden Männern rekapituliert. Dazwischen liegt eine ganze Lebenszeit. Es sind Jahre, die durch die wechselnden politischen Ereignisse geprägt waren. Und es sind Jahre, in denen sich die Beziehung zwischen den beiden Beteiligten von Freundschaft über Entfremdung zu erneuter Verbundenheit entwickelte. Aus den Briefen entsteht ein Bild des Absenders in wechselvollen Zeiten und zunehmendem Reifen, und es entsteht ein Abbild des Adressaten. So erscheinen diese einseitigen Briefe dann doch wie eine Korrespondenz, an der der Leser wie an einem Dialog teilhat.

*

W. B., der Absender der Briefe, ist uns heutigen nicht mehr vertraut. Die wenigen Eingeweihten aber haben in ihm einen ganz besonderen Menschen kennengelernt[1]. Für die meisten

---

[1] a) Immerhin habe ich sechs Nachrufe zu Gesicht bekommen: (a) Heinrich *Fries,* „Werner Becker zum Gedächtnis", in: Christ in der

aber, denen der Name W. B. nichts mehr sagt[2], zur Einführung in die Briefedition einige biographische Hinweise:

W. B. wurde am 17. Mai 1904 geboren. Verstorben ist er am 1. Juni 1981. Seine Eltern waren Richard *Becker* (1876 - 1963), Inhaber einer (heute nicht mehr existierenden) Herrenkonfek-

---

Gegenwart, Nr. 206, 1981, S. 206; (b) Wolfgang *Trilling*, „Zum Tode von Werner Becker", in: Una Sancta, Jg. 1981 Nr. 4, S. 273 - 274 (teilweise identisch mit seiner Beerdigungsansprache); (c) Michael *Ulrich*, „‚Helft mir danken!' Zum Tode von Werner Becker", in: Catholica (Münster), 35. Jg. Nr. 4, 1981, S. 318 - 320; (d) Josef *Gülden* in: Tag des Herrn (Leipzig), 31. Jg. Nr. 13, 27. Juni 1981, S. 102; (e) J. Gülden, „Werner Becker † 1. Juni 1981", in: Burgbrief, Nr. 3, 6. August 1981, S. 7 - 8 (eine erweiterte Fassung von (d); (f) I. K. (= Ingeborg *Klimmer*), „‚Und eine Brücke zu mir'", in: Burgbrief, Nr. 3, 6. August 1981, S. 8 - 9.

b) Der 1936 zum Priester geweihte Dogmatiker und anerkannte *Newman*-Kenner Fries (geb. 1911) hat zuerst in Tübingen, dann in München gelehrt. – Zu Trilling, vgl. Br 21 FN 5 Punkt b), zu Ulrich Br 25 FN 2. – Josef Gülden (1907 - 1993) gehörte dem Haus Leipzig der Oratorianer an; er schrieb einige kleinere Aufsätze für das „Abendland" [FN 7 Punkt a)] und war nach Kriegsende Cheflektor des St. Benno-Verlags in Leipzig. – Die Verlagslektorin I. Klimmer (geb. 1913) hat einige Werke von *Guardini* [Br 2 FN 1] und Kahlefeld [FN 11] herausgegeben.

[2] a) Als sprichwörtliche Ausnahme von der Regel seien genannt:
– H.-B. *Gerl*, op. cit. [Br 2 FN 1], S. 123 - 124 FN 4;
– Andreas *Koenen* (geb. 1963), Der Fall Carl Schmitt. Sein Aufstieg zum ‚Kronjuristen des Dritten Reiches', Darmstadt: Wissenschaftliche Buchgesellschaft, 1995, X - 981 S.; dort u.a. S. 52 - 54 (besonders S. 53 FN 149 eine biographische Kurznotiz). Es handelt sich um die Buchausgabe einer Münsteraner Dissertation (Doktorvater: Prof. Gerhard W. *Wittkämper* [geb. 1933]);
– C. S., Staat, Großraum, Nomos. Arbeiten aus den Jahren 1916 - 1969 (hrsg. und mit reichhaltigen Anmerkungen versehen von Günter *Maschke* [geb. 1943]), Berlin: Duncker & Humblot, 1995, XXIX - 668 S.; dort S. 490.

b) M. W. ist W. B. bislang nur in einem Nachschlagewerk vertreten; vgl. Lothar *Ulrich*, „Becker, Werner", in: Lexikon für Theologie und Kirche, 3. Ausg. = 1994, 2. Band, Sp. 114 - 115. Der Autor ist katholischer Dogmatiker in Erfurt.

c) Wichtig sind die biographischen Angaben von J. Gülden [FN 1 Punkt b)] in seinem Aufsatz „Werner Becker, OR. – 70 Jahre alt", in: Catholica, 28. Jg. Nr. 2, 1974, S. 161 - 162.

Einleitung 11

tionsfabrik in Mönchengladbach, und seine Frau Therese *Helff* (1879 - 1968). Aus der Ehe sind außer W. B. noch drei weitere Kinder hervorgegangen, nämlich Eleonor(e) (1910 - 1989), Curt (1905 - 1987)[3] sowie Richard (1914 - 1941, in Rußland gefallen).

Dank einer Selbstaussage von W. B. wissen wir, daß er als Primaner in einem von seinem Mitschüler Hans *Jonas* eingerichteten Schülerarbeitskreis ‚Das Ethos der Propheten', seine ersten Anregungen zum Ökumenismus erfahren hat[4]. Nachdem er am 15. März 1922 das Abitur mit gutem Erfolg bestanden hatte, studierte W. B. Jura, erst in Freiburg, dann in Berlin, schließlich in Bonn – insgesamt 7 Semester. In Berlin engagierte er sich gleichzeitig im Quickborn, der von Romano *Guardini*

---

[3] a) Über den Werdegang dieses Bruders, vgl. seine bis 1982 reichende hochinteressante autobiographische Skizze „Verantwortung für das Gemeinwohl", S. 14 - 79 in v.a., Abgeordnete des Deutschen Bundestages. Aufzeichnungen und Erinnerungen, Boppard a.Rh.: Boldt, Bd 2 = 1983, 350 S., sowie Hans K. *Rouette*, Mönchengladbacher Textilgeschichte. Industrielle (R)Evolution durch Textilbarone, Mönchengladbach: Laumann, 1996, 720 S.; dort S. 325 - 326: „Unternehmer und Politiker Dr. Curt Becker". Von Curt *Becker* liegt weiter vor: Ein Unternehmer unserer Zeit. Reden und Aufsätze, Düsseldorf/Wien: Econ-Verlag, 1965, 247 S.

b) Obzwar er mit 22 Jahren bei Professor Heinrich *Göppert* (1867 - 1937; vgl. Anlage B) mit einer Arbeit über die Kündigung von Kartellen promovierte, hat auch C. Becker bei C. S. gehört. Ich zitiere aus seiner unter Punkt a) genannten autobiographischen Skizze: „...Ich hörte damals die Vorlesungen von Professor Carl Schmitt. Schmitt hat mich außerordentlich stark beeindruckt..."

[4] a) W. B., „Schritte zur Versöhnung zwischen Christen und Juden", S. 231 - 245 in: Versöhnung. Gestalten/Zeiten/Modelle [Festschrift für M. Hörhammer zum 70. Geburtstag am 26. November 1975], Frankfurt a.M.: Josef Knecht, 1975, 315 S.; dort S. 233: „...Es war bezeichnend für die offene Atmosphäre im Zusammenleben von Christen und Juden in meiner Vaterstadt Mönchengladbach, daß 1921 ein privater Schülerarbeitskreis zustande kam, durch die Initiative von H. Jonas, mit dem Thema: ‚Das Ethos der Propheten'." – Vgl. auch Br 8 FN 9 Punkt c).

b) Manfred *Hörhammer* O. F. M. Cap. (1905 - 1985), dem Guardini-Kreis verbunden, diente 1940 - 45 als Sanitäter und war 1945 Mitbegründer der internationalen katholischen Friedensbewegung ‚Pax Christi', deren derzeitiger Vorsitzende der belgische Kardinal Gotfried *Danneels* (geb. 1933) ist.

[Br 2 FN 1] geführten katholischen Jugendbewegung [Br 2 FN 2], und wurde Guardinis Sekretär. Auf Grund einer Aussage in Br 8 darf gefolgert werden, daß er am aktiven Widerstand gegen die französische Besatzungsbehörde im Rheinland irgendwie beteiligt gewesen ist. Ein Gespräch mit Waldemar *Gurian* [Br 19 und 29; Anlage A, 2. Brief] führte zu einer Unterhaltung mit dem Staatsrechtler C. S.; ohne Berlin zu verlassen (er war noch immer Guardinis Sekretär), immatrikulierte sich W. B. am 1. Mai 1924 in Bonn, wo ihm am 29. Oktober

---

c) Hans *Jonas* (1903 - 1993), Schüler des berühmten Philosophen Martin *Heidegger* (1889 - 1976) (vgl. die Basler Dissertation von Eric *Jakob*, Martin Heidegger und Hans Jonas: Die Metaphysik der Subjektivität und die Krise der technologischen Zivilisation, Tübingen: Francke, 1996, 394 S.) und befreundet mit Hannah *Arendt* (1906 - 1975) (vgl. Bruno *Accarino* [geb. 1951], „Il ‚daimon' di Robespierre e l'ombra di Edmund Burke. Tra Hannah Arendt e Hans Jonas", in: Filosofia politica, 11. Jg. Nr. 1, April 1997, S. 83 - 98), emigrierte 1933 nach Palästina, siedelte 1949 nach Kanada um und lehrte ab 1955 in den USA. Er hat sich ausgiebig mit der Gnosis (Gnosis und spätantiker Geist, Göttingen: Vandenhoeck & Ruprecht, 2 Bde = 1934 bzw. 1954, VIII - 375 bzw. XV - 223 S.) und später mit anthropologisch-ökologischen Fragen befaßt. Sein Buch „Das Prinzip Verantwortung. Versuch einer Ethik für die technologische Zivilisation" (Frankfurt a.M.: Insel, 1979, 423 S.) ist als eine Replik des Buches „Das Prinzip Hoffnung" (Berlin: Aufbau-Verlag, 2 Bde = 1954 - 55, 477 bzw. 512 S.) von Ernst *Bloch* (1885 - 1977) gedacht; vgl. Bernard *Sève,* „Hans Jonas et l'éthique de la responsabilité", in: Esprit (Paris), Nr. 165, Oktober 1990, S. 72 - 88. – Vgl. den kurzen, aber lesenswerten Gelegenheitsartikel von Stephan *Wehowsky,* „Das Menschliche in Zeiten der Krise. Hans Jonas, Träger des Friedenspreises", in: Süddeutsche Zeitung, Nr 233 vom 10. - 11. Oktober 1987, Anlage ‚SZ am Wochende' S. III. Bekanntlich wird Jonas als „ein Geschichtsdenker" präsentiert von Ernst *Nolte* (geb. 1923), Geschichtsdenken im 20. Jahrhundert. Von Max Weber bis Hans Jonas, Berlin: Propyläen, 1991, 680 S.; dort S. 571 - 576.

d) Da ich soeben (Punkt c) H. Arendt erwähnte, sei ein Hinweis des amerikanischen Forschers Gary L. *Ulmen* (geb. 1939) übernommen, „Schmitt as a Scapegoat. Reply to Palaver", in: Telos (New York), Nr. 106, Winter 1996, S. 128 - 138; dort S. 130 FN 10: „...Arendt had great respect for Schmitt's work, which is evident in the marginalia to her copy of Schmitt's ‚Der Nomos der Erde' and other works now available in het library located at Bard College." In diesem Zusammenhang sei auch hingewiesen auf den Aufsatz von

1926, kaum 22 Jahre alt, das Abgangszeugnis ausgestellt wurde[5].

Statt die Juristenlaufbahn einzuschlagen, studierte W. B. 15 Semester Philosophie und Theologie, davon eines in Berlin, acht in Bonn, drei in Freiburg i.Br., eines in Paris (Wintersemester 1926 - 27 am ‚Institut Catholique' [Br 9 FN 2; Br 29 FN 15

William E. *Scheuerman*, „Revolutions and Constitutions: Hannah Arendt's Challenge to Carl Schmitt", in: The Canadian Journal of Law & Jurisprudence, 10. Jg. Nr. 1 (ein C. S.-Heft), Januar 1997, S. 141 - 161.

[5] a) W. B.s ungedruckt gebliebene Dissertation handelte über: Die politische Systematik der Staatslehre des Thomas *Hobbes*, o.J. (= 1925), II - XV - 243 hektographierte S. – Da in Br 29 die Rede ist von „der um 3 Jahre verspäteten Ausstellung meines Doktordiploms von der Bonner Universität" und vom „wirklichen 50. Jahrestag" der Promotion, habe ich mich mit dem Bonner Universitätsarchiv in Verbindung gesetzt, das, ebenso wie ich, „vor einem ‚akademischen Rätsel'" steht: im Studentenverzeichnis für das Sommersemester 1926 (aber nicht in den Fakultätsakten) taucht W. B., als Student der katholischen Theologie [FN 6 Punkt a)], mit einem Doktortitel auf, aber promoviert hat er am 6. August 1928 (im Promotionsalbum wird Heinrich Göppert [Anlage B] als Doktorvater angeführt) und das Abgangszeugnis der Juristischen Fakultät erhielt er erst am 29. Oktober 1928, also nach dem Sommersemester 1928 (Brief vom 5. November 1996)! So wird freilich verständlich, warum W. B. 1928 eine gedruckte (im Untertitel m.E. irrtümlicherweise als „Auszug" bezeichnete) Zusammenfassung seiner Dissertation herausgab (Köln: Druck der Kölner Görres-Haus GmbH, 1928, 8 nicht-paginierte S.). Übrigens hatte er schon etwas früher einen Hobbes-Artikel geschrieben für die überarbeitete 5. Auflage des (im Auftrag der Görres-Gesellschaft herausgegebenen) Staatslexikons, Freiburg i.Br.: Herder, Bd 2 (Film bis Kapitalismus) = 1927, Sp. 1221 - 1227. – Vgl. auch Br 16 FN a); Br 28; Anlage A, 2. Brief.

b) Für C. S.s Urteil über W. B.s Dissertation, vgl. Br 16 FN 1 Punkt a). Bezeichnend ist ferner die Tatsache, daß C. S. in seinem an B. *Willms* [Br 2 FN 17] gerichteten Brief vom 20. Juni 1980 auf „zwei vergessene und verschollene Hobbes-Arbeiten" hinwies, darunter W. B.s Dissertation: „diese Arbeit hat für die europäische kontinentale Wissenschaft den neuen Horizont eröffnet." Auch in den neuesten Schriften zum Thema (z.B. Gershon *Weiler*, From Absolutism to Totalitarianism. Carl Schmitt on Thomas Hobbes, Durango [Colorado, USA]: Hollowbrook Publishing, 1994, XII - 169 S.) fehlt W. B.s Name!

Punkt b)]) und zwei in Tübingen[6]. Nach seiner Rückkehr aus Paris löste er Friedrich *Schreyvogl* als Schriftleiter der Zeitschrift „Abendland"[7] ab, hatte diese Stelle aber nur von Mai

---

[6] a) Laut Auskunft des Bonner Universitätsarchivs (Sendung vom 5. November 1996) schrieb W. B. sich dort am 1. Dezember 1925 für das Fach der katholischen Theologie ein. Nach seiner Rückkehr aus Paris nahm er in Bonn das Theologiestudium erneut auf und wurde am 10. Mai 1928 wieder exmatrikuliert.

b) Das Universitätsarchiv Tübingen teilte mir unter dem 16. Oktober 1996 Folgendes mit: „Werner Becker,..., war hier 18.5.1928 bis zum 11.4.1929 immatrikuliert, also im Sommersemester 1928 und im Wintersemester 1929."

c) Das ‚Institut Catholique de France' (Paris) bestätigte mir, daß W. B. sich im November 1926 immatrikuliert und wohl die Vorlesungen des akademischen Jahres 1926 - 27 gehört hat (Brief vom 26. November 1996).

[7] a) Die katholische Zeitschrift „Abendland. Deutsche Monatshefte für europäische Kultur, Politik und Wirtschaft", erschien 1925 - 29 (fünf Jahrgänge). Der erste Schriftleiter war der österreichische Lyriker und Dramenautor Friedrich *Schreyvogl* (1899 - 1976), seines Zeichens Jurist, der bis zuletzt als Mitherausgeber fungiert hat. – Erwähnenswert ist der fragwürdige Hinweis auf die Zeitschrift im damals Furore machenden Buch von Henri *Massis* (1886 - 1970), Défense de l'Occident, Paris: Plon, 1927, II - 281 S., Nr. 16 in der Reihe ‚Le Roseau d'or'; dort S. 62 - 63 FN 1 (es ist die Rede von den An- bzw. Absichten des Schriftstellers „Alphons *Paquet* [1881 - 1944] und seiner Mitarbeiter"). W. *Gurian* [Br 19 FN 5 Punkt a)] erhob Einspruch gegen diese Darstellung in seinem Aufsatz „Die Abendlandideologie als Maske des französischen Nationalismus", in: Abendland, 2. Jg. Nr. 9, Juni 1927, S. 277 - 279; dort u.a. S. 279 FN 1: „Ein typisches Zeugnis für die Zuverlässigkeit von Massis ist seine Behauptung, daß den ‚écrivains catholiques' des Abendlandes ‚l'Allemagne semble plus divisé, plus éloigné de l'ordre civilisateur qu'aucune autre nation'. Unsere Leser wissen, daß diese angebliche Ansicht der Mitarbeiter des Abendlandes nur in der Phantasie von Massis existiert." – Über Massis und die Resonanz seines Buches, vgl. die Monographie von Michel *Toda*, Henri Massis, un témoin de la Droite intellectuelle, Paris: La Table Ronde, 1987, 391 S.; dort das 12. Kapitel, S. 255 - 277: „Un défenseur de l'Occident".

b) Koenen zufolge ist C. S. im „Abendland" zwar nicht auf die Bühne gekommen, sein Einfluß auf die Zeitschrift dennoch groß gewesen: op. cit. [FN 2 Punkt b)], S. 49 und vor allem S. 51: „...Obwohl ihm die Redaktion erst für den dritten Jahrgang einen Beitrag abringen konnte, war der ‚spiritus rector' des ‚Abendland'-

1927 bis Juni 1928 inne[8]. Nach Beendigung der Studien trat W. B. im April 1930 ins Priesterseminar Bensberg ein. Am 12. Februar 1932 empfing er in Aachen die Priesterweihe und arbeitete dort ab 24. März 1932 als Kaplan der Pfarrei St. Elisabeth. Bereits am 11. April 1933 wurde er in Marburg als Studentenseelsorger und nebenbei am katholischen Seminar (das der Universität nicht direkt unterstand) als Dozent für katholische Weltanschauung eingesetzt. Auch entfaltete er hier, zusammen mit dem berühmten Religionswissenschaftler Friedrich *Heiler*[9], seine ersten ökumenischen Aktivitäten. 1937 von den Nazis als Dozent entlassen, wurde W. B. am 13. Mai 1938 in

---

Kreises [also C. S.] durchgängig vom ersten bis zum fünften und letzten Jahrgang explizit und zwischen den Zeilen präsent." Jedenfalls wurden nicht nur Schriften von C. S. ausführlich und positiv gewürdigt [z.B. Br 3 FN 2 Punkt b)], sondern haben einige Mitarbeiter auch daraus zitiert oder darauf verwiesen, z.B. im 4. Jg. Otto *Steinbrinck* („Geist und Politik", Nr. 10, Juli 1929, S. 302 - 303) und der Bonner Psychologe und Ästhetiker Siegfried *Behn* [1884 - 1970; vgl. Br 2 FN 3 Punkt b)] („Interpretationen der Demokratie", Nr. 11 - 12, November - Dezember 1929, S. 332 - 334). – Nebenbei gesagt bemängelt H. *Hürten* [Br 19 FN 5 Punkt a)] Koenens Überbewertung des „Abendland"-Kreises: „Der katholische Carl Schmitt", in: Historisches Jahrbuch (der Görres-Gesellschaft), Bd 116, 1996, S. 496 - 502; dort S. 500 - 501.

[8] a) „Abendland", 2. Jg. Nr. 7, April 1927, S. 2: „Für dieses Heft zeichnet verantwortlich Dr. Werner Becker, Bonn."

b) „Abendland", 3. Jg. Nr. 9, Juni 1928, S. 2: „Dr. Werner Becker ist durch sein Theologiestudium, das ihn nunmehr nach Tübingen führte, gezwungen, die Redaktion des ‚Abendland' abzugeben, wird aber weiterhin durch Beiträge mit unserer Zeitschrift in Fühlung bleiben."

[9] Fr. *Heiler* (1892 - 1967), Lieblingsschüler von K. *Adam* [Br 4 FN 6] und Autor des Standardwerkes „Das Gebet. Eine religionsgeschichtliche und religionspsychologische Untersuchung" (München: Reinhardt, 1918, V - 476 S.; es handelt sich um die Buchausgabe seiner von Professor Aloys *Fischer* [1880 - 1937] betreuten Münchener Dissertation), stand schon 1919 in Verbindung mit dem protestantischen Erzbischof Nathan *Söderblom* (1866 - 1931), dem bekannten schwedischen Apostel der ökumenischen Bewegung. In Heilers Zeitschrift hat W. B. einen Aufsatz veröffentlicht: „Die Buße als Sakrament der Kirche", in: Eine Heilige Kirche, 17. Jg., 1935, S. 246 - 254 (vgl. Br 5 FN 3 Punkt b). – Über Heiler, vgl. u.a. O. Weiß, op. cit. [Br 2 FN 3], S. 503 - 514.

die Pfarrei Liebfrauen (Mariä Himmelfahrt) in Leipzig-Lindenau versetzt und trat am 1. Juni 1938 in das benachbarte Haus der Leipziger Oratorianer[10] ein. Im November 1939 hat man ihn mit der Nachfolge des verhafteten Studenten- und Akademikerseelsorgers Heinrich *Kahlefeld*[11] beauftragt, eine Tätigkeit, die er bis zum Jahre 1961 ausüben sollte. 1944 sind ihm, wegen seines Einsatzes für die jüdische Medizinstudentin Else *Seelenfreund*, die später bei einem Fliegerangriff in Berlin ums Leben gekommen ist, ernsthafte Schwierigkeiten dadurch erspart geblieben, daß er sich freiwillig als Sanitäter zur Wehrmacht meldete und in Gohlis in Sachsen kaserniert wurde. Frau Gerda *Gottschalk* [FN 16 Punkt b)] mutmaßt, daß W. B. „Wegen starker Kurzsichtigkeit ... wohl nicht zum Einsatz" gekommen ist[12]. Das Kriegsende erlebte er in der Tschechoslo-

---

[10] Das Oratorium (oder die Kongregation des Oratoriums) ist kein religiöser Orden, sondern eine 1575 vom Hl. Filippo *Neri* (1515 - 1595) – er hat 15 Päpste erlebt! – in Rom im Zuge der Gegenreformation gegründete Kongregation (ohne Gelübde) für Priester und Laien, die sich seelsorgerischen und erzieherischen Aufgaben widmen; die von einem Präpositus (Superior) geleiteten autonomen einzelnen Häuser halten alle 10 Jahre einen Kongreß ab. Berühmte Oratorianer waren der englische Kardinal Newman [Br 12 FN 3], der französische Philosoph Nicolas *Malebranche* (1638 - 1715) und sein Landsmann, der sprachgewandte Prediger und Rhetorik-Professor Jean-Baptiste *Massillon* (1663 - 1742). – Es gibt außerdem das sog. französische Oratorium, eine 1611 von Kardinal Pierre de *Bérulle* (1575 - 1629), einem Berater von König *Louis XIII.* (1601 - 1643) und Gegner des Staatsmannes *Richelieu* (1585 - 1642), aus der Taufe gehobene französische Weltpriesterorganisation, die öfters unterdrückt wurde, aber immer wieder von neuem angefangen hat. – Vgl. über beide Kongregationen Ph. *Hofmeister*, „Oratorium", in: Lexikon für Theologie und Kirche, Bd 7 = 1969, Sp. 1194 - 1196, über Neri u.a. den Aufsatz vom Theologen und Erzähler Peter *Dörfler* (1878 - 1955), „Philipp Neri", in: Hochland, 41. Jg. Nr. 1, Oktober 1948, S. 1 - 16.

[11] H.-B. Gerl zufolge soll Heinrich *Kahlefeld* (1903 - 1980), 1926 zum Priester geweiht und geraume Zeit Mitherausgeber der „Schildgenossen" [Br 5 FN 1], als der Meisterschüler Guardinis [Br 2 FN 1] gegolten haben: op. cit. [Br 2 FN 1], S. 306. Vgl. v.a., In memoriam Heinrich Kahlefeld, Frankfurt a.M.: Knecht, 1980, 45 S.

[12] a) Laut Brief von Frau G. *Gottschalk* [FN 16 Punkt b)] an mich vom 17. Dezember 1996.

wakei, wo er Ende August 1945 aus Krankheitsgründen von den Russen entlassen wurde.

Nach seiner Entlassung aus der Kriegsgefangenschaft befaßte W. B. sich intensiv mit dem englischen Kardinal John Henry *Newman*, wie aus mehreren Briefen hervorgeht; er brachte nicht nur dessen übersetzte Schriften neu heraus, sondern hat überdies viel über ihn geschrieben. Die Berufung im März 1961 als Konsultor in das ‚Sekretariat für die Einheit der Christen' – ein Amt, das er bis 1978 bekleidete – hat W. B. als einen Wendepunkt in seinem Leben bezeichnet [Br 25]; in dieser Eigenschaft war er 1966 bis 1976 Leiter der neugegründeten Ökumenischen Arbeitsstelle in Leipzig und Verbindungsmann zum Lutherischen Weltbund. Darüber hinaus konnte er sich 1963 bis 1965 im II. Vatikanischen Konzil bewähren. Als er nach schwerer Krankheit verstarb und am 9. Juni 1981 beerdigt wurde, hatte er obendrein mehrere Bücher, Aufsätze, Rezensionen und auch Kommentare zu Konzilsdokumenten veröffentlicht[13].

Über W. B.s Persönlichkeit gibt es eine kurze, aber gehaltvolle Charakteristik des Literaturhistorikers Benno *von Wiese und Kaiserswaldau* (1903 - 1987), eines Sohnes des bekannten Soziologen Leopold *von Wiese und Kaiserswaldau* (1876 - 1969): „Kein größerer Kontrast läßt sich denken als der zwischen Landsberg und Werner Becker. Dieser hatte erfolgreich als ein Lieblingsschüler des berühmten Spezialisten für Staatsrecht Carl Schmitt promoviert; eine große Laufbahn stand ihm offen. Trotzdem studierte er noch einmal, diesmal Theologie, um katholischer Priester werden zu können. Wir vermuteten damals alle, er werde es mindestens zum Bischof, vielleicht sogar zum Kardinal bringen. Er wählte jedoch den Weg der selbstlosen Hingabe an jüngere Menschen und wurde später

---

b) Dem Nachruf von I. Klimmer ist zu entnehmen, daß sein Einsatz für die jüdische Medizinstudentin für W. B. sehr gefährlich war; vgl. art. cit. [FN 1 Punkt a)], S. 8: „...Ein (sein Leben rettender) anonymer Telefonanruf in Leipzig empfahl ihm dringend, sich umgehend freiwillig zur Wehrmacht zu melden,..."

[13] Vgl. die W. B.-Bibliographien von W. Trilling [Br 21 FN 5 Punkt b)] in: Catholica (Münster), 28. Jg. Nr. 2, 1974, S. 163 - 168, und 35. Jg. Nr. 4, 1981, S. 321 - 325.

Studentenpfarrer in Leipzig in der DDR, trat mit Nachdruck für die irenische Bewegung und damit für die Versöhnung der Konfessionen ein. Zahllosen Menschen hat er, ohne davon ein Aufsehen zu machen, in ihren psychischen und physischen Nöten beigestanden. Er ist der überzeugendste Christ, der mir je begegnet ist, dabei keineswegs ein finsterer Papist, sondern gesellig, heiter, voll rheinischen Humors. Er kannte jedermann, war auch mit Frau *Prym* verwandt, die es an Kritik ihm gegenüber nicht fehlen ließ, jedoch gegen seine lächelnde Gelassenheit nicht ankam. Seine Begabung zur Freundschaft hatte nur den einen Nachteil, daß er niemals einen bevorzugte, sondern daß seine sehr konkret verwirklichte Menschenliebe eben allen im gleichen Maß galt und daher von Fall zu Fall mit diplomatischem Geschick dosiert werden mußte. Aus der Fassung geriet er nur einmal, als ihm nämlich *Landsberg* die verfängliche Frage stellte, ob Ehe nicht auch zwischen Personen des gleichen Geschlechts möglich sei."[14]

*

Über sein Verhältnis zu C. S. ist den nachfolgenden Briefen zu entnehmen, daß W. B. seinen Lehrer sehr geschätzt hat und nicht müde wurde, ihm seinen Dank abzustatten. Dennoch ist

---

[14] a) B. *von Wiese,* Ich erzähle mein Leben. Erinnerungen, Frankfurt a. M.: Insel Verlag, 1982, 374 S.; dort S. 123.

b) Paul Ludwig *Landsberg* (1901 - 1944), Sohn des Rechtshistorikers Ernst *Landsberg* [Br 24 FN 4], Schüler von Max *Scheler* (1874 - 1928) (vgl. dazu H. B. Gerl, op. cit. [Br 2 FN 1], S. 130 - 132: „Der ‚Schelerkreis' und Paul Ludwig Landsberg") und Adept des Dichters Stefan *George* (1868 - 1933), lehrte Existenzphilosophie in Bonn. Als ihm 1933, auf Grund seiner jüdischen Abstammung, die Lehrbefugnis entzogen wurde, emigrierte er erst nach Spanien, dann infolge des dortigen Bürgerkrieges nach Frankreich, wo er im Kreis um Emmanuel *Mounier* (1905 - 1950), Befürworter des Personalismus, und auf dessen 1932 gegründete und noch immer erscheinende Zeitschrift „Esprit" (Paris) einen großen Einfluß ausübte (vgl. dazu Olivier *Mongin* [geb. 1931], „Paul-Louis Landsberg: personnalisme et mystique", in: Esprit, N.F. 13. Jg. Nr. 1, Januar 1983, S. 29 - 35). Auch mit anderen französischen Kreisen stand er in Verbindung; vgl. die Angaben in Thomas *Keller,* „Médiateurs personnalistes entre générations non-conformistes en Allemagne et en France: Alexandre *Marc* et Paul L. Landsberg", S. 257 - 273 in Gilbert *Merlio* (geb. 1934) (Hrsg.), Ni gauche, ni

Einleitung 19

es 1933 zu einer ernsten Verstimmung gekommen, und zwar über die Frage des Antisemitismus [Br 8 und 10; Anlage A, 1. Brief]. Die Verstimmung endete, als es 1940 in Berlin zu einem zufälligen Wiedersehen kam [Anlage A, 1. Brief][15]. Interessanterweise hat W. B. nach Kriegsende C. S. im Lager Wannsee, später Frau *Schmitt* in der Klinik in Heidelberg einen

---

droite: les chassés-croisés idéologiques des intellectuels français et allemands dans l'Entre-deux-guerres, Talence: Editions de la Maison des Sciences de l'homme d'Aquitaine, 314 S., Nr. 194 in der Reihe ‚Publications de la M. S. H. A.'. Es gehört zur Tragik dieses Mannes, daß er 1943 in Pau unter dem Namen Paul *Richert* von der Gestapo verhaftet und unter diesem Pseudonym im KZ Oranienburg (H.-B. Gerl schreibt irrtümlicherweise ‚Sachsenhausen': op. cit. [Br 2 FN 1], S. 130 FN 22) einer Lungenentzündung erlegen ist. Über ihn, vgl. u. a. Verena *Lenzen*, „Paul Ludwig Landsberg – ein Name in Vergessenheit", in: Exil (Frankfurt a. M.), 11. Jg. Nr. 1, 1991, S. 5 - 22.

c) Agnes *Prym* (geb. *Pielsticker;* 1879 - 1971) war die Gattin des Bonner Medizinprofessors (Pathologen) Oskar *Prym* (1873 - 1964), eines Sohnes des berühmten Bonner Orientalisten Heinrich Eugen *Prym* (1843 - 1913). Benno von Wiese zufolge war sie „sehr schön", kultiviert und künstlerisch aufgeschlossen, ihr Gatte „kauzig, schwierig und ungesellig" (S. 119). Laut Auskunft von Frau Dr. E. *Mackscheidt* waren Frau Prym und die Mutter von W. B. befreundet, womöglich sogar weitläufig verwandt (Telefonat vom 10. Februar 1997).

d) von Wiese ist im Irrtum wenn er meint, W. B. sei aus freien Stücken Studentenpfarrer geworden: vgl. Br 7.

e) Vollständigkeitshalber sei hingewiesen auf die W. B. betreffende Erinnerung des Münsteraner Philosophen Josef *Pieper* (geb. 1904), Noch nicht aller Tage Abend. Autobiographische Aufzeichnungen 1945 - 1964, München: Kösel, 1979, 308 S.; dort S. 79 - 80. Über Pieper, vgl. P. *Tommissen*, op. cit. [Br 4 FN 2 Punkt a)], pp. 68 - 69 und S. 83 FN 21, 22 und 23.

[15] Ich entnehme dem Brief von W. B. an Gerda Gottschalk [FN 16 Punt b)] vom 27. Juni 1975 diesen Abschnitt: „... Ich hatte seine Frau [diese von C. S.] bald nach dem Kriege getroffen, als sie ihren Mann im amerikanischen Konzentrationslager Berlin-Wannsee besuchen wollte. Sie wissen, daß ich nicht gern über Menschen richte, auch wenn ihr Tun verhängnisvolle Folgen hatte. Sobald ich 1933 merkte, daß er [C. S.] Antisemit geworden war, war das Tischtuch zwischen uns zerrissen. Das hindert mich nicht, daß ich ihm dankbar bin, wenn ich ihn auch nie als meinen Freund bezeichnen würde...." – Vgl. Br 29 FN 15 Punkt a).

20 Piet Tommissen

Besuch abgestattet, nicht zuletzt aus pastoralen Gründen [Br 29 bzw. 24]. 1964 hat C. S. für die geplante Festgabe für W. B. einen Beitrag zugesagt, vielleicht auch eingereicht[16].

Bedauerlicherweise gelten C. S.s Gegenbriefe als verschollen. Die aus der Periode vor 1945 sind dem Krieg zum Opfer gefallen [Br 29]. Versuche, die späteren ausfindig zu machen, blieben ergebnislos: Die Familie besitzt sie jedenfalls nicht, und sowohl Frau Dr. E. *Mackscheidt-Becker* als auch ich erfuhren vom Präpositus des Leipziger Oratoriums, daß sie sich auch dort nicht befinden. Es ist sogar durchaus möglich, daß sie ein-

---

[16] a) Diese Zusage entnehme ich dem kurzen Brief, den C. S. Frau Gerda Gottschalk am 27. April 1964 zuleitete. Pfarrer Dr. M. Ulrich [Br 25 FN 2] teilte mir dankenswerterweise mit, daß der Text C. S.s „nicht erhalten ist bei den Unterlagen zum 60. Geburtstag von W. B., bei W. Trilling" (Brief vom 7. Dezember 1996). Jene Festschrift liegt übrigens nicht gedruckt vor. Ich schließe die Möglichkeit nicht aus, daß C. S. einen Text zur Verfügung gestellt hat, denn in seinem Brief vom 12. Januar 1965 an D. *Braun* [Br 16 FN 1] heißt es: „Inzwischen war ich den ganzen Sommer in Spanien,..., und erweiterte meine Kurzbesprechung *Hood-Braun-Barion* erst von 20 Seiten (die im Hist. Pol. Buch der Ranke-Gesellschaft erschienen sind) auf einige weitere Seiten (als Beitrag zum 60. Geburtstag von Dr. Werner Becker in Leipzig) und schließlich auf einen Druckbogen einer Rezensionsbesprechung für die Zeitschrift ‚Der Staat' [Br 16 FN 1 Punkt b)]."
b) Die im Leipziger Oratorium von 1936 bis zu ihrer Verhaftung durch die Gestapo als Sekretärin tätige und dort auch getaufte Halbjüdin Gerda Gottschalk, Tochter eines Leipziger Rechtsanwalts, Notars und Justizrats, wurde mit ihrer Schwester Helga am 29. Oktober 1941 verhaftet und im ‚1. Transport' in das Rigaer Ghetto deportiert, von dort im August 1944 in das seit 1940 bestehende Lager Stutthof bei Danzig (jetzt Polen) eingeliefert. Sie wurde einem Bauern in Steegen, 8 km von Stutthof entfernt, zur Arbeit ausgeliehen, konnte dort einen Brief nach Leipzig schicken, der auf Umwegen auch die Familie *Pfürtner* erreichte. Der damalige Soldat (und Medizinstudent) Stefan Hubert *Pfürtner* (geb. 1922), selbst gerade der Verurteilung durch den Volksgerichtshof im Lübecker Christenprozeß entgangen, verhalf ihr und einer Mitgefangenen, Ellen *Laumann*, zur Flucht und versteckte Gerda Gottschalk in seinem Elternhaus. Vgl. G. Gottschalk, Der letzte Weg, Konstanz: Südverlag, 1991, 169 S. – Stefan Pfürtner hatte von 1975 bis zu seiner Emeritierung 1989 den Lehrstuhl für katholische Theologie im Fachbereich Evangelische Theologie der Universität Marburg inne.

fach nicht mehr existieren, denn, wie ich von Herrn Pfarrer Dr. Michael *Ulrich* [Br 25 FN 2] erfuhr, bewahrte W. B. seine Korrespondenz nicht systematisch auf; auch hat der Leipziger Präpositus W. *Trilling* [Br 21 FN 5] „nach dem Tod von W. B. auch vieles weggetan"[17].

*

Zur Edition ist Folgendes zu bemerken: Die meisten Briefe lagern im C. S.-Nachlaß im Hauptstaatsarchiv Düsseldorf (Sigle: RW 265 - 175) und wurden vom Nachlaßverwalter Professor J. H. *Kaiser* freundlicherweise zur Verfügung gestellt, die übrigen befinden sich in meinem Besitz und ihnen geht das Zeichen (°) voran; handschriftliche Briefe sind mittels der Kürzel (h), maschinenschriftliche mittels der Kürzel (s) gekennzeichnet. Lediglich eine undatierte (und völlig unwichtige) Postkarte und ein Telegramm werden nicht abgedruckt. Offenkundige Tipp- und Schreibfehler wurden stillschweigend korrigiert, und obzwar W. B. statt ‚ß' meist ‚ss' schrieb, habe ich mich, der Uniformität wegen, für ‚ß' entschieden.

Inhaltlich kreisen diese Briefe eines bevorzugten Schülers C. S.s und beispielhaften Priesters hauptsächlich um Themen, für die C. S. sich interessierte: Thomas *Hobbes*, Kardinal Newman, das II. Vatikanische Konzil[18]. Aber darüber hinaus enthalten sie bezeichnende Hinweise auf das Promotionsverfahren und über den Kirchenbegriff W. B.s, über C. S.s Verhalten als Hochschullehrer, sogar über die Situation des Intellektuellen in der früheren DDR. Dem geneigten Leser werden hier und da Wiederholungen begegnen, die sich jedoch meistens ergänzen.

---

[17] Das Zitat ist dem an mich gerichteten Brief von Pfarrer Dr. Michael Ulrich [Br 25 FN 2] vom 2. Dezember 1996 entnommen.

[18] a) Nicht ohne Grund vertritt O. *Weiß* die These, daß das II. Vatikanische Konzil eng mit dem Modernismus liiert ist: op. cit. [Br 2 FN 3], S. 594 - 596. Darum sei eine Hypothese erlaubt. Curt Becker erwähnt in seiner Lebensskizze den Theologen Josef *Thomé* (1891 - 1980), der, als er noch in Mönchengladbach als Kaplan tätig war, für ihn „ein sehr wichtiger Partner" war (op. cit. [Einleitung FN 3], S. 22). Laut O. Weiß war Thomé jedoch ein bedeutender Modernist (op. cit. [Br 2 FN 3], S. 586 - 593). So daß im Falle W. B., falls auch er in seiner Jugend von Thomé beeinflußt gewesen sein

Im Rahmen des Möglichen habe ich versucht, in den Fußnoten über Personen und Geschehnisse zuverlässige Auskunft zu erteilen, wobei der Akzent vorzugsweise auf W. B. und/oder C. S. sowie auf Personen aus ihrem Umkreis liegt. Daß mehrere dieser Fußnoten ausführlich ausgefallen sind, hängt mit der Überlegung zusammen, daß nicht alle Leser dieser Briefe katholischer Observanz und viele nicht in Deutschland beheimatet, d. h. für ein richtiges Verständnis des Inhalts auf Erläuterungen angewiesen sind.

*

Daß ich die Briefe W. B.s abzudrucken in der Lage bin, verdanke ich indes dem Verständnis der Erben W. B.s, den Damen Dr. Elisabeth Mackscheidt-Becker und Ursula *Stadler-Jammers,* wofür ich an dieser Stelle meine Erkenntlichkeit zum Ausdruck bringen möchte. Andererseits hat mir die ständige Ermutigung von Herrn Botschafter i. R. Dr. Rudolf *Jestaedt* die Arbeit erleichtert, so daß es mir ein Bedürfnis ist, ihm meinen aufrichtigen Dank abzustatten. Gleichzeitig danke ich den vielen Damen und Herren, sowie den zahlreichen Auskunftsstellen, weltlichen und kirchlichen, deutschen und ausländischen, für die anstandslos zur Verfügung gestellten Dokumente und Informationen.

---

sollte, dieser Einfluß als eine Quelle seiner Begeisterung für das II. Vatikanische Konzil in Betracht käme.

b) Es sei erlaubt, das Urteil von G. *Sorel* [Br 4 FN 10 Punkt a)] in seinem Brief an Jean *Bourdeau* (1848 - 1928) vom 9. April 1913 mitzuteilen: „Da sie die konkrete Lage nicht verstanden hat, ist die Kirche in diese Situation geraten: 1° das Volk, das sie zu erobern und unterjochen beabsichtigte, hat sich von ihr abgekehrt und, sobald es über einige Kenntnis verfügt, legt es ihr Gaukelei zur Last; – 2° die gebildeten Katholiken haben jeden Kontakt mit der Tradition des 17. Jahrhunderts verloren, gehen eher als Fideisten als vernünftige Gläubige zur Kirche und lösen alle metaphysischen Schwierigkeiten mittels des Symbolismus; das ist der Grund des Modernismus. Der Modernismus wäre vermutlich unterblieben, wenn die Führer der Katholiken der klassischen Moderation nicht feindlich gesinnt [gewesen] wären." (meine freie Übersetzung); vgl. „Lettres de Georges Sorel à Jean Bourdeau. Première partie: 1906 - 1913", in: Mil neuf cent. Revue d'histoire intellectuelle (Cahiers Georges Sorel), Nr. 14, 1996, S. 159 - 222 (das Zitat dort S. 212).

Zu guter Letzt sei vorsorglich daraufhingewiesen, daß Zitate ohne Quellenangabe unveröffentlichten Dokumenten entnommen sind, die sich in meinem Besitz befinden. Und wiederholt, daß ich in den Fußnoten und Anlagen diese Kürzel verwende:

C. S.	= Carl Schmitt	Br	= Brief
W. B.	= Werner Becker	FN	= Fußnote
(h)	= handschriftlich	(m)	= maschinenschriftlich
v. a.	= varii auctores	(°)	= in meinem Besitz

Die Briefe

1 (h)

Bonn, den 6. Sept. 1923

Sehr verehrter Herr Professor,

Sie wundern sich, daß ich noch in Deutschland bin: ich habe Schwierigkeiten, das englische Visum zu bekommen. Ich denke aber, daß ich Dienstag reisen kann.

Mit den ersten Ferientagen hier in Bonn war ich wenig zufrieden. Ich hatte Ihnen, zum Abschied, einmal sagen wollen, wie viel ich Ihnen verdanke und wie sehr meine Begegnung mit Ihnen meinen Weg bestimmt hat. Ich suchte, wie Saul den Esel, einen Examinator, und fand einen Lehrer. Ich wollte mein juristisches Studium schnell zu Ende bringen, um es hinter mir zu haben wie einen lästigen Traum – und wurde dabei zum Juristen, wenigstens in gewissem Sinne. Die „Gesellschaft" – um vereinfachend in der Tönniesschen Terminologie zu reden[1] – ist mir unter Ihrer Führung in den Gesichtskreis getreten. Auf diesen Anregungen fußend, wird mein Interesse sich nun auf die Institution der Kirche richten, ihren Zusammenhang mit dem Ordnungsbild des Mittelalters und der Aufklärung, die Frage, wie sich in ihr die Öffentliche Sphäre mit der privaten trifft, möchte ich einmal untersuchen. Es ist möglich, daß ich einen Teil dieser Aufgaben schon bei der Fertigstellung meiner Hobbesschrift anfassen kann, weil eben bei Hobbes aus seinem neuen Ordnungsbegriff ein vollständiges Gegen-System neben das (mittelalterlich-)christliche gesetzt ist.

Aber vielleicht sind Sie froh, daß Sie die besonnten Ferientage im Süden[2] mit all solchen Fragen nicht behelligen. Ich wollte nur versuchen, Ihnen schlicht zu danken für das, was Sie mir das Jahr hindurch als Mensch und als Lehrer gaben – und Sie meiner Treue und Verehrung versichern.

In diesem Sinne nehmen Sie meinen ergebenen Gruß und meine guten Wünsche für Ihren Aufenthalt in Dalmatien,

(s)

Ich darf Sie bitten, mich Fräulein Todorowitsch[3] zu empfehlen.

---

[1] F. *Tönnies* [Br 2 FN 6], Gemeinschaft und Gesellschaft. Grundbegriffe der reinen Soziologie, Darmstadt: Wissenschaftliche Buchgesellschaft, (1887) 1991, XLVII - 224 S. Als Einführung in die in diesem Buch getroffene Unterscheidung und ihr Schicksal ist u.a. geeignet Christian *Gülich* und Rüdiger *Kramme* (geb. 1952), „Gemeinschaft und Gesellschaft", S. 201 - 205 in Everhard *Holtmann* u.a. (Hrsg.), Politik-Lexikon, München/Wien: Oldenbourg, 1991, VIII - 726 S.; tiefschürfender ist freilich der Sammelband von Lars *Clausen* (geb. 1935) und Carsten *Schlüter* (Hrsg.), Hundert Jahre ‚Gemeinschaft und Gesellschaft'. Ferdinand Tönnies in der internationalen Diskussion, Leverkusen: Leske + Budrich, 1991, 598 S. C. S. hat sich zu der Unterscheidung geäußert in seinem Aufsatz „Der Gegensatz von Gemeinschaft und Gesellschaft als Beispiel einer zweigliedrigen Unterscheidung. Betrachtungen zur Struktur und zum Schicksal solcher Antithesen", S. 165 - 178 in: Estudios juridico-sociales. Homenaje al Profesor Luis *Legaz y Lacambra* [1906 - 1980], Santiago de Compostela: Universidad, 1960, Bd. 1 = 581 S.; auch meine mit Anmerkungen versehene Übersetzung: „Le contraste entre communauté et société en tant qu'exemple d'une distinction dualiste. Réflexions à propos de la structure et du sort de ce type d'antithèses", in: Res Publica (Brüssel), 7. Jg. Nr. 1, 1975, S. 99 - 119.

[2] C. S. befand sich in Jugoslawien, wo er bei seinem zukünftigen Schwiegervater, einem in Podravska Slatina (jetzt Kroatien) wohnenden Notar, um die Hand einer Tochter [FN 3] anhielt. Die Erfahrungen und Impressionen dieser Reise verarbeitete er zu dem wichtigen Aufsatz „Illyrien. Notizen von einer dalmatinischen Reise" (Ersterscheinung 1925), nachgedruckt in C. S., op. cit. [Einleitung FN 2 Punkt c)], S. 487 - 488 (und dazu S. 489 - 490 Anmerkungen des Hrsg.). Zu diesem Aufsatz, vgl. die Buchausgabe der Bochumer Dissertation (Doktorväter: Prof. Bernhard *Waldenfels* [geb. 1934] und Hans-Georg *Flickinger* [geb. 1944]) von Friedrich *Balke* (geb. 1961), Der Staat nach seinem Ende. Die Versuchung Carl Schmitts, München: Fink, 1996, 426 S. (dazu die Besprechung von Reinhard *Mehring* [geb. 1959] in: Philosophischer Literaturanzeiger, Jg. 1997 Nr. 1, S. 25 - 28); dort S. 219 - 237 („7. Illyrien: Das Land der ‚ungeheuerlichen Verbindungen' ").

³ C. S. heiratete 1926 in Düsseldorf in zweiter Ehe seine Schülerin Dusanka (gekürzt: Dus[ch]ka) *Todorowic* (1903 - 1950); Trauzeuge war der Theologe Erik *Peterson* [Br 5 FN 3]. Dieser Frau hat Gretha *von Jeinsen* (1906 - 1960), die erste Gattin des Schriftstellers Ernst *Jünger* (geb. 1895), ein Denkmal gesetzt: Silhouetten. Eigenwillige Betrachtungen, Pfullingen: Neske, 1955, 301 S.; dort S. 172 - 175 („Duschka"). Wie aus Briefen an Frau Schmitt hervorgeht, hat sie sich außerdem erfolgreich für die Begleichung der Krankenhauskosten eingesetzt; von dieser Hilfeleistung hat C. S. anscheinend nichts erfahren. - Vgl. auch Br 6 FN 5.

2 (h)

Catholic Social Guilt,
Oxford, am 12. Okt. 1924

Sehr verehrter Herr Professor!

Sie wußten von meinem Plan, nach England zu fahren. Er ist erst Mitte September zur Ausführung gekommen, nachdem ich vorher zuerst mit Prof. *Guardini*[1] in Rügen und dann zur Werktagung auf Burg Rothenfels war[2], im politischen Kreis mit Dr. *Michel*[3]. Ich war in London bei dem Friedenskongreß Marc *Sangniers*[4], ließ mir dort etwa 14 Tage Zeit, einigermaßen Englisch zu lernen und die Eindrücke der großen Stadt zu bewältigen, und fuhr dann nach Oxford. In London war ein allerdings zaghafter Versuch, an die Bücherschätze im Britischen Museum zu kommen, daran gescheitert, daß ich noch nicht ganz 21 Jahre alt bin. Hier in Oxford bekam ich sogleich Zutritt zur Bodleian Bibliothek[5], wo ich mich nun auch einer solchen Fülle von Material gegenübersehe, daß ich es bedauere, daß die Werke des 17. und 18. Jahrhunderts nur 6 Stunden täglich zugänglich sind, wovon mir noch mindestens 1 1/2 Stunden für die Mittagszeit verloren gehen, daß ich in einem Jesuitenkolleg für Werkstudenten wohne, etwas außerhalb der Stadt. Die Bibliothek ist zum Arbeiten vorzüglich geeignet. Man sitzt in den schönen, alten Räumen mitten zwischen den Büchern – kein Riesen-Lesesaal mit großen Massen von Besuchern. Der Katalog wies mich auf eine Menge von Werken hin, die ich in Berlin nicht gefunden hatte. Er weist allein 10 deutsche Dissertationen über Hobbes auf, die mir unbekannt waren. In den 80er Jahren scheint die Beschäftigung mit Hobbes in der offiziellen deutschen Wissenschaft besonders intensiv gewesen zu sein. Vor und gleichzeitig mit den Tönniesschen Arbeiten (gutes, zuverläßiges deutsches Gelehrtenwerk; es überragt, wie ich jetzt feststellen kann, die meisten Engländer bei weitem, die sich auf dem Gebiet versuchten.)[6] Nach der Arbeit von *Messer* 1893[7] gibt es in Deutschland doch kein Werk mehr, das sich die Beschäftigung mit Hobbes' Staatstheorie zum Ziel setzt. Ganz anders in England. Hier gibt es außer verschiedenen Werken über den ganzen Hobbes mehrere gute Ausgaben des Leviathan mit mehr oder weniger guten Einführungen. Er ist in vielen englischen Häusern zu finden. Am wichtigsten war mir ein 1918 erschienener Aufsatz über „The Motivation of Hobbes' political Philosophy" von John *Dewey*, (der 1887 als Professor an der Universität Michigan ein Werk über Psychologie herausgab)[8]. Sein Bemühen richtet sich darauf, den springenden Punkt, das Positive und Ewige in Hobbes' Staatstheorie herauszuschälen (das ist ihm „Hobbes' attempt to secularize morals and politics") und zu zeigen, daß sie nicht aus psychologischen Gründen oder aus der Zeit allein (Hobbes als Höfling)[9] zu erklären ist (gegen *Robertson* u.a.)[10], sondern Teil eines großartigen Gesamtsystems.

Es wird nicht leicht sein, über diese Arbeit hinaus Neues zu sagen. Aber es ist nötig, daß in Deutschland einmal über diese Dinge gesprochen wird. Was übrigens in Frankreich in dieser Hinsicht geleistet wurde, ist mäßig. Ich las eine etwa 20 Jahre alte Pariser Dissertation. Dann ist mir außer dem Werk von *Gadave*[11] nichts weiter bekannt[12]. Es ist gut, daß ich hierher reisen konnte. Ohne Benutzung der englischen Literatur wäre es zwecklos gewesen an die Arbeit heranzugehen, zumal ohne die „History of the Civil Wars" und die „Elements of law" man nur einen halben Hobbes gehabt hätte[13].

Ich lese hier hauptsächlich solche Sachen, an die in Deutschland schlecht heranzukommen wäre. So die 4 „Vitas"[14] und einige von den 60 Gegenschriften, die zwischen 1655 und 1681 erschienen sind[15]. Die interessanteste Vita steckt in den „Antiquitates Oxoniae" von A. *Wood* von 1674, ein Buch so groß wie ein Tisch[16]. Von Johannes *Wallisii* „Hobbius" las ich gestern die nicht rein mathematischen Teile[17], durch den Titel angelockt. Es heißt aber nicht: „H., der sich vor sich selber fürchtet" (das hat einmal ein anderer Zeitgenosse behauptet), sondern: „Hobbes tut sich selber leid", eine gehässige Verhöhnung, gegen „monstrosissimum illud Malmesburiense animal"! Dann scheinen mir Briefe und die verschiedenen Vorworte und Dedikationen zu den einzelnen Ausgaben seiner Werke wichtig zu sein. Daraus geht am besten hervor, wie er die Dinge aufgefaßt wissen will.

Sie sehen also, Herr Professor, ich stecke noch im Anfang der Materialsammlung. Und vielleicht kommt Manches, was ich schreibe, überhaupt einer staatsrechtlichen Arbeit über Hobbes gar nicht zugute, höchstens etwa einer Untersuchung über den Platz des Hobbes in der Geschichte des europäischen Denkens, worüber selbst hier in England noch *nichts* gearbeitet ist.

Ich denke am Anfang des Semesters pünktlich in Bonn zu sein. Oder glauben Sie, es sei besser für mich, so lange als möglich hier zu arbeiten?

Ich sah Ihre Schrift über Art. 48. Ich hatte in unsrer Übungsarbeit über die VO. vom 29. Sept. 23 gegen die sächsische Regierung ähnliche Gedanken aus den Andeutungen in der „Diktatur" zu entwickeln[18].

Ich wünsche Ihnen weiter glückliche Ferien und grüße Sie aufs beste.

In Ergebenheit

(s)

---

[1] Über diesen einflußreichen Priester und Autor bedeutender Werke, der 1923-39 in Berlin den Lehrstuhl für katholische Weltanschauung innehatte, 1945-48 in Tübingen und 1948-68 in München gelehrt hat, vgl. u.a. die Monographie von Hanna-Barbara Gerl (geb.

1945), Romano Guardini 1885 - 1968. Leben und Werk, Mainz: Matthias-Grünewald-Verlag, 1985, 382 S., sowie die Monographien von Ludwig *Watzal* (geb. 1950), Das Politische bei Romano Guardini, Percha-Kempfenhausen: Schulz, 1987, 216 S. (vgl. dazu die Rezension von Alexander *Schwan* [geb. 1931], „Kein liberaler Demokrat", in: Frankfurter Allgemeine Zeitung, vom 1. Dez. 1988); Alfons *Knoll*, Glaube und Kultur bei Romano Guardini, Paderborn: Schöningh, 1994, 620 S.; Robert A. *Krieg* (Hrsg.), Romano Guardini. Proclaiming the Sacral in a Modern World, Chicago: Liturgic Training Publ., 1995, 118 S., sowie neuerdings Winfrid *Hover* (geb. 1961), „Schrecken und Heil. Aspekte politischer Zeiterfahrung bei Romano Guardini", S. 171 - 181 (die Diskussion S. 182 - 190) in Hans Maier [BR 19 FN 3 Punkt a)] (Hrsg.), ‚Totalitarismus' und ‚Politische Religionen'. Konzepte des Diktaturvergleichs, Paderborn: Schöningh, 1996, 442 S. - In einer Guardini angebotenen Festschrift ist W. B. mit einem Beitrag vertreten: „Zu Newmans Stellung zur Welt am Ende seiner evangelischen Phase", S. 544 - 570 in v. a., Interpretation der Welt. Romano Guardini zum Achtzigsten Geburtstag, Würzburg: Echter-Verlag, 1965, 722 S. Vgl. außerdem seinen Aufsatz aus dem Jahre 1935: „Romano Guardini und das Kirchenbild einer jungen deutschen Generation", in W. B., op. cit. [Br 13 FN 2], S. 13 - 37. - Vgl. auch FN 3 (unter ‚Otto Weiß'), Br 6 FN 4, sowie Anlage A, 1. Brief FN 1.

[2] Die Burg Rothenfels war ab 1919 das ‚Hauptquartier' der katholischen Jugendbewegung Quickborn, die einem 1909 in Neiße (Oberschlesien) gegründeten Schülerkreis entsprossen ist; vgl. die Kurznotiz S. 201 - 203 in Rudolf *Kneip* (1899 - ?), Jugend der Weimarer Zeit. Handbuch der Jugendverbände 1919 - 1938, Frankfurt a. M.: dipa-Verlag, 1974, 383 S., sowie H.-B. Gerl, op. cit. [FN 1], S. 158 - 162. Die Geschichte des Quickborns wird geschildert in Johannes *Binkowski*, Jugend als Wegbereiter. Der Quickborn von 1909 bis 1945, Stuttgart/Aalen: Theiss, 1981, 296 S. und 10 Bl.

[3] a) Über Ernst *Michel* (1889 - 1964), besonders einflußreicher katholischer Soziologe und Sozialtheoretiker, liegt viel Literatur vor, u. a.:
- Klaus *Breuning* (geb. 1927), Die Vision des Reiches. Deutscher Katholizismus zwischen Demokratie und Diktatur (1929 - 1934), München: Max Hueber, 1969, 404 S. (dort bes. S. 157 - 161); zu dieser von W. *Dirks* [Br 4 FN 3] eingeleiteten Münsteraner Dissertation (Doktorvater: Professor Heinz *Gollwitzer* [geb. 1917]) äußert sich geradezu abschätzig V. Berning in V. *Berning* [FN 4 Punkt b)] und H. *Maier* (Hrsg.), op. cit. [Br 19 FN 3], S. 255 - 261);
- Peter *Reifenberg* (geb. 1956), Situationsethik aus dem Glauben. Leben und Denken Ernst Michels (1889 - 1964), St. Ottilien: EOS-Verlag, 1992, 648 S., Nr. 17 in der Reihe ‚Moraltheologische Studien. Systematische Abteilung'; es handelt sich um eine Mainzer Dissertation (Doktorvater: Professor Johannes *Reiter* [geb. 1944]);

– Thomas *Ruster* (geb. 1955), Die verlorene Nützlichkeit der Religion. Katholizismus und Moderne in der Weimarer Republik, Paderborn: Schöningh, 1994, 421 S. (dort S. 224 - 235); es betrifft eine Bonner Habil-Schrift (Habil-Vater: Professor Hans *Waldenfels* [geb. 1931]);
– Otto *Weiß* (geb. 1934) Der Modernismus in Deutschland. Ein Beitrag zur Theologiegeschichte, Regensburg: Pustet, 1995, 632 S. (dort S. 527 - 542: „Personale Theologie – Der Laientheologe Ernst Michel"; besonders wichtig ist der Exkurs S. 535 - 537: „Romano Guardini [FN 1] und Ernst Michel – zwei Konzeptionen des Katholischen").
– vgl. auch U. *Bröckling*, op. cit. [Br 4 FN 3], S. 78 - 83 („Ernst Michel: Republik als Aufgabe").

b) Wichtig ist die Tatsache, daß E. Michel die drei vielbeachteten Katholizismushefte der damals noch vom Leipziger Verleger Eugen *Diederichs* (1867 - 1930) persönlich herausgegebenen Zeitschrift „Die Tat" zusammengestellt hat: 13. Jg. Nr. 1, April 1921; 14. Jg. Nr. 1, April 1922; 15. Jg. Nr. 1, April 1923; sie wurden teilweise und um andere Texte erweitert in einem Buch nachgedruckt: Kirche und Wirklichkeit. Ein katholisches Zeitbuch (Jena: Diederichs, 1923, VII - 297 S.; 17 Beiträge!), das u.a. in der Zeitschrift „Hochland" eine Diskussion auslöste: vgl. die lange Besprechung von A. *Dempf* [Br 19 FN 3 Punkt a)], „Die Kirche und die christliche Persönlichkeit", in: 21. Jg. Nr. 3, Dezember 1923, S. 305 - 309; S. Behn [Einleitung FN 7 Punkt b)], „Kirche und Wirklichkeit. Offener Brief an Dr. Ernst Michel", in: 21. Jg. Nr. 3, Dezember 1923, S. 301 - 304; E. Michel, „Kirche und Wirklichkeit. Offene Antwort an Professor Dr. Siegfried Behn", in: 21. Jg. Nr. 6, März 1924, S. 652 - 657. – Michel gab daraufhin ein eigenes Buch heraus: Politik aus dem Glauben, Jena: Diederichs, 1926, 247 S., das ein Kapitel über die von C. S. in op. cit. [Br 19 FN 5 Punkt b)] vertretenen Ansichten enthält (S. 28 - 45: „Kirche und Reich Gottes"); vgl. dazu die Besprechung von H. F., „Soziologie aus dem Glauben?", in: Abendland [Einleitung FN 7 Punkt a)], 2. Jg. Nr. 7, April 1927, S. 197 - 198, und vor allem den Aufsatz von E. Dirks [Br 4 FN 3], „,Politik aus dem Glauben'", in: Das Heilige Feuer (Paderborn), 14. Jg. Nr. 8, Mai 1927, S. 303 - 310 (dort S. 309 eine kurze Konfrontation der Positionen von Michel und C. S.). – Nach Kriegsende hat Michel u.a. veröffentlicht: Der Prozeß Gesellschaft contra Person. Soziologische Wandlungen im nachgoetheschen Zeitalter, und: Renovatio. Zur Zwiesprache zwischen Kirche und Welt, beide Stuttgart: Klett, 1959, 247 bzw. 199 S.

[4] a) Vgl. Br 19.
b) Marc *Sangnier* (1873 - 1950) hat ‚Le Sillon' zwar nicht gegründet, ihn aber zu einer der religiösen und sozialen Erziehung auf demo-

kratischer Grundlage gewidmeten Bewegung ausgebaut, mit der Charles Maurras [Br 29 FN 17 Punkt a)] sich nicht anfreunden konnte (Le Dilemne de Marc Sangnier. Essai sur la démocratie religieuse, Paris: Nouvelle librairie nationale, o.J. [= 1906], XXX - 286 S.; zum Thema u.a. Louis *Trénard*, „Un débat sur l'Eglise: Sangnier et Maurras", in: Etudes Maurassiennes [Aix-en-Provence], Nr. 3, 1974, S. 211 - 229) und die 1910 vom 255. Papst *Pius X.* (eig. Giuseppe *Sarto;* 1835 - 1914) im Zuge seiner Anti-Modernismus-Politik [vgl. Punt c) dieser FN] verurteilt wurde. In seiner Eigenschaft als Abgeordneter (1919 - 24) entpuppte Sangnier sich als ein eifriger Friedenskämpfer; den von ihm organisierten Friedenskongressen (u.a. London 1924; Luxemburg 1925; Bierville 1926) war Erfolg beschieden. 1929 gründete er die französische Liga der Jugendherberge. Nicht ohne Grund wird er von der im November 1944 gegründeten, sich zu den christlich-demokratischen Prinzipien bekennenden Partei M. R. P. (Mouvement républicain populaire) als Vorläufer betrachtet; vgl. Pierre *Letamendia*, Le Mouvement Républicain Populaire MRP. Histoire d'un grand parti français, Paris: Beauchesne, 1997, 392 S., in der Reihe ‚L'Histoire dans l'actualité'. Über Sangnier und ‚Le Sillon', vgl. u.a. Hermann *Platz* (1880 - 1945), Geistige Kämpfe im modernen Frankreich, München: Kösel und Pustet, 1922, XIX - 672 S.; dort S. 280 - 411, und neuerdings Jean-Claude *Delbreil* (Hrsg.), Marc Sangnier. Témoignages, Paris: Beauchesne, 1997, 408 S., Nr. 11 in der Reihe ‚Politiques & Chrétiens'. – Platz – über ihn handelt Vincent Berning (geb. 1933) (Hrsg.), Hermann Platz. Eine Gedenkschrift, Düsseldorf: Patmos Verlag, 1980, 164 S. – hat übrigens ausführlich über den soeben genannten Friedenskongreß in Bierville berichtet in: Abendland [Einleitung FN 7 Punkt a)], 2. Jg. Nr. 1, Oktober 1926, S. 10 - 12, genauso wie H. Ruster, „‚Der Friede durch die Jugend'", in: Abendland, 2. Jg. Nr. 7, April 1927, S. 223 - 224. W. B. hat dasselbe für den Krongreß in London getan, „Zum IV. Friedenskongreß Marc Sangniers in London", in: Die Schildgenossen, 5. Jg., 1924 - 25, S. 92 - 94.

c) Über den Modernismus, vgl. O. Weiß, op. cit. [FN 3]. Vgl. auch Einleitung FN 18.

[5] Thomas *Bodley* (1544 - 1613) widmete sich ab 1598 dem Wiederaufbau und dem Ausbau der Oxforder Bibliothek, die deswegen seinen Namen führt. Diese Bibliothek besitzt z.Zt. etwa 4.000.000 gedruckte Bücher und über 50.000 Manuskripte. Vgl. David *Rogers*, The Bodleian Library and Its Treasures 1320 - 1700, Henley-on-Thames: Aidan Ellis, 1991, 176 S.

[6] Ferdinand Tönnies (1855 - 1936), der zu den Vätern der modernen Soziologie gerechnet wird [Br 1 FN 1], gab von Hobbes Schriften [FN 13] und Korrespondenz heraus und widmete ihm eine noch immer gültige Monographie: Hobbes. Leben und Lehre, Stuttgart: Frommann, 1896, XIII - 232 S., Nr. 2 in der Reihe ‚Frommanns Klas-

siker der Philosophie' (erweiterte Nachdrucke 1925 – rezensiert von W. B. in: Deutsche Literaturzeitung, NF 3. Jg., 1926, Sp. 2584 - 2588 – und 1971: 432 S.), wozu W. B. in seiner Dissertation schreibt: „Sie beruht auf nun fünfzigjähriger, in immer neuen Publikationen sich äußernden Beschäftigung mit Hobbes, den es ‚ins Gedächtnis der Welt, ins Gewissen der Juristen zurückzurufen' ihm galt" (S. 8 FN 2).

[7] Wilhelm August *Messer* (1867 - 1937), Das Verhältnis von Sittengesetz und Staatsgesetz bei Thomas Hobbes, Mainz: John Falk III Söhne, 1893, 33 S. Es handelt sich um eine Gießener Dissertation. Der Fabrikantensohn W. A. Messer war zunächst Gymnasiumlehrer in Bensheim, wurde 1904 Professor in Gießen und ist, unbeschadet seiner Bücher über einige Philosophen, vor allem als Pädagoge auf den Plan getreten (bis Ende 1933 gab er z.B. die Zeitschrift „Deutsche Schule" heraus).

[8] a) J. *Dewey,* „The Motivation of Hobbes' Political Philosophy", in: Studies in the History of Ideas (New York), 1. Jg., 1918, S. 88 - 115, übernommen S. 18 - 40 in Deweys gesammelten Werke, The Middle Works, 1899 - 1924. Vol. 11: 1918 - 1919, Carbondale / Edwardsville: Southern Illinois University Press, 1982, XX - 471 S.

b) John Dewey (1859 - 1952) entwickelte eine von ihm als Instrumentalismus bzw. Funktionalismus bezeichnete Philosophie, die Ähnlichkeiten mit dem von William *James* (1842 - 1910) befürworteten Pragmatismus aufweist. Darüber hinaus führte er in die Pädagogik viel beachtete neue Methoden ein (vgl. Alfred *Rosmer,* „John Dewey éducateur", in: Preuves [Paris], 2. Jg., Nr. 18 - 19, August - September 1952, S. 43 - 46). Vgl. das hübsche Urteil von Paul L. *Ginestier* (geb. 1920), „Dewey", S. 733 - 736 in Denis *Huisman* (geb. 1929) (Hrsg.), Dictionnaire des philosophes, Paris: P. U. F., 1984, 1. Bd (A - J) = XXIII - 1385 S.; dort S. 736: „Die Situation John Deweys in der amerikanischen Philosophie ähnelt der von Victor *Hugo* in unserer [sc. französischen] Literatur: sie ist immens, einflußreich, repräsentativ und eher unbequem." (meine freie Übersetzung). Im Rahmen seiner derzeitigen Wiederentdeckung sei hingewiesen auf die Übersetzung seines Buches „The Public and its Problems" (1927): Die Öffentlichkeit und ihre Probleme, Darmstadt: Wissenschaftliche Buchgesellschaft, 1996, 216 S.

[9] W. B. schreibt in seiner Dissertation, Hobbes sei „sein Leben lang von der Fürstengunst abhängig gewesen" und habe aus der Zeit seiner Tätigkeit als Hauslehrer in der Familie *Cavendish* „die typische Haltung des Höflings immer behalten" (S. 225). Allerdings dürfte ‚Gunst adeliger Familien' den Sachverhalt besser widerspiegeln.

[10] George Croom *Robertson* (1842 - 1892), Thomas Hobbes, London: Blackwood, (1886) 1910, X - 240 S.

[11] René *Gadave* (1882 - 1970), Un théoricien anglais du Droit public au XVIIe siècle. Thomas Hobbes et ses théories du Contrat social et de la Souveraineté, Toulouse: Marqués, 1907, 272 p. Es handelt sich um die Buchausgabe einer Toulouser Dissertation. Gadave hat sich nicht weiter mit Hobbes beschäftigt: 1901 - 10 war er Bibliothekar in Toulouse, später (bis 1954) Direktor nationaler Kunstzentren.

[12] Könnte diese m. E. überspitzte Meinung zusammenhängen mit dem Duktus des „Hobbism" überschrifteten ‚Encyclopédie'-Artikels (1765) von Denis *Diderot* (1713 - 1784), als 2. Anlage (S. 379 - 405) abgedruckt in dem von Simone *Goyard-Fabre* besorgten Nachdruck der von Hobbes' damaligem Sekretär Samuel *de Sorbière* (1615 - 1670) gefertigten Übersetzung (1649) der 2. Ausgabe des „De Cive" (1647): Le Citoyen ou les fondements de la politique, Paris: Flammarion, 1982, 408 S., Nr. 385 in der Reihe ‚G - F' (de Sorbières Titel lautete: Le bon Citoyen)? Wie dem auch sei, die Lage hat sich inzwischen erheblich geändert (vgl. FN 14): jetzt gibt es sogar eine ‚Léviathan' überschriftete Buchreihe (Paris: P. U. F.)!

[13] Bei der ersten Schrift handelt es sich um den 1668 abgeschlossenen, jedoch erst posthum (1679) erschienenen Dialog: Behemoth, or an Epitome to the Civil War of England from 1640 - 60, den Tönnies [FN 6] 1889 mit geändertem Titel neu hrsg. hat: Behemoth, or the Long Parliament. Die zweite Schrift ist erstmals 1650 in zwei Bänden veröffentlicht und ebenfalls 1889 von Tönnies in einer zuverlässigen Edition neu hrsg. worden. – Diese Schriften wurden von William *Molesworth* (1810 - 1855) in Bd. 6 bzw. Bd. 4 der von ihm veranstalteten elfbändigen englischen Hobbes-Edition (1939 - 45; Nachdruck: 1966) übernommen.

[14] Gemeint sind wohl Hobbes' zwei posthum herausgegebene autobiographische Versuche, die eine in Versform (1679), die andere in Prosa (1681) – von W. B. als eine Einheit aufgefaßt? –, die von John *Aubrey* (1626 - 1697) gesammelten Informationen (1813 – mangelhaft? – aus dem Manuskript hrsg.), die Lebensbeschreibung des Freundes Richard *Blackbourne* (1652 - Todesjahr unbekannt) aus 1681 und die Vita von A. *Wood* [FN 16]. Zu diesen Viten, vgl. François *Tricaud* (geb. 1922), „Eclaircissements sur les six premières biographies de Hobbes", in: Archives de philosophie, 48. Jg. Nr. 2, April - Juni 1985, S. 277 - 286. Tricaud gebührt das Verdienst, mit dreihundertjähriger Verspätung, den „Leviathan" (ca. 1650) ins Französische übersetzt zu haben (Paris: Sirey, 1971); vgl. auch seine wichtigen Beiträge S. 107 - 123, 124 - 134, 134 - 160, 160 - 177 und 178 - 185 in Jean-Pierre *Schobinger* (geb. 1927) (Hrsg.), Grundriß der Geschichte der Philosophie (begründet von Friedrich *Überweg* [1826 - 1871]), Abteilung: Die Philosophie des 17. Jahrhunderts. Bd 3 Halbband 2, Basel: Schwabe, 1988, VI S + S. 341 - 874.

[15] a) W. B. listet in seiner Dissertation mehrere dieser Gegenschriften auf (S. XII - XV). Für Einzelheiten, vgl. John *Bowle*, Hobbes and His Critics. A Study in Seventeenth Century Constitutionalism, London: Jonathan Cape, 1951, 215 S., und Samuel I. *Mintz* (geb. 1923), The Hunting of Leviathan. Seventeenth Century Reactions to the Materialism and Moral Philosophy of Hobbes, Cambridge: University Press, (1962), 1969, 189 S. - C. S. hat Mintz' Buch als „entzückend" bezeichnet: „Die vollendete Reformation. Bemerkungen und Hinweise zu neuen Leviathan-Interpretationen", in: Der Staat, 4. Jg. Nr. 1, 1965, S. 51 - 69; dort S. 58 FN 2.

b) Wie groß Entrüstung und Widerstand damals gewesen sind, illustriert die Tatsache, daß de Sorbière im Nachwort seiner Übersetzung des „De Cive" einerseits Hobbes in Schutz nahm, andererseits seine Ansichten nicht teilte, sodaß ihn nichts mehr freuen würde „que de les voir réfutées" (op. cit. [FN 12], S. 359; auch zitiert von W. B. in seiner Dissertation [Einleitung FN 5 Punkt a)], S. 4 FN 3).

[16] Anthony à Wood (1632 - 1695), Athenae Oxonienses. An Exact History of all the Writers and Bishops who have had their Education in the University of Oxford, from 1500 to 1690, Hildesheim: Olms, (1813 - 20) 1969, 4 Bde = VIII - 2748 S., Nr. 22 in der Reihe ‚Anglistik & Americana'; dort Bd 3, S. 1206 - 1218.

[17] Der Presbyterianer John *Wallis* (1616 - 1703) griff Hobbes auf Grund seiner mathematischen Fehler (z. B. über die Quadratur des Kreises) an und hat Hobbes' Ruf geschadet. Merkwürdigerweise hörte Hobbes nicht auf, die Richtigkeit seiner Behauptungen zu beteuern und hat ihn ausgerechnet Gottfried Wilhelm *Leibniz* (1646 - 1716) „auf einem Feld anerkannt, auf dem er seine größten Niederlagen erleiden mußte": so Bernard Willms (1931 - 1991; vgl. Einleitung FN 5 Punkt b), sowie Br 29 FN 1), S. 221 in seinem Buch: Thomas Hobbes. Das Reich des Leviathan, München/Zürich: Piper, 1987, 320 S.

[18] C. S., „Die Diktatur des Reichspräsidenten nach Art. 48 der Reichsverfassung", in: Veröffentlichungen der Vereinigung der deutschen Staatsrechtslehrer, Berlin: de Gruyter, 146 S., Nr. 1 der Sammlung; dort S. 63 - 104. Es handelt sich um C. S.s Bericht auf dem Staatsrechtslehrertag vom 14. - 15. April 1924 zu Jena. C. S. hat den (geringfügig geänderten und um einen Zusatz erweiterten) Text als Anhang übernommen in der 2. Ausg. seines Buches: Die Diktatur. Von den Anfängen des modernen Souveränitätsgedankens bis zum proletarischen Klassenkampf, Berlin: Duncker & Humblot, (1928) 1994, XXIII - 259 S.; dort S. 213 - 259.

3 (m)[1]

Sehr verehrter Herr Professor, ich habe Ihren Aufsatz begierig und mit größtem Nutzen gelesen[2]. Darf ich Ihnen wohl gleich etwas dazu schreiben, auf die Gefahr hin, daß meine Gedanken noch gar nicht ausgereift sind und das Ganze als Anmaßung erscheinen kann?

Statt meiner ehrlichen Begeisterung zu der ganzen Arbeit Worte zu verleihen, komme ich gleich mit der Bitte, einen Ergänzungsvorschlag freundlichst zu prüfen.

Vor Monaten sprach ich Ihnen gegenüber einmal das Bedenken aus: Freund und Feind könnten deshalb nicht die Kategorien des Politischen sein, weil sie zu wenig Beziehung zum Begriff der Ordnung hätten. Wenn die Politik gleichgeordnet neben den andern Wissenschaftsgebieten steht, so muß sie ähnlich abstrakte *Wert*begriffe, eben echte Kategorien haben. Nun finde ich zu meiner Freude – und das ist mir auch für die Hobbesarbeit sehr wichtig – tatsächlich einen dieser Wertbegriffe: den Krieg, den politischen Kampf. Die Freund-und-Feind-Unterscheidung scheint mir abgeleitet, und nicht selbst kategorial, sondern *die* dem Ordnungsbegriff des Kampfes spezifische und für ihn charakteristische Unterscheidung zu sein.

Ich möchte also Ihrem Urteil die These vorlegen, ob nicht statt Freund und Feind Krieg und Frieden auch nach Ihrer Meinung die Kategorien des Politischen sind: Ich glaube sie umformuliert in dem Aufsatz zu finden, ich habe sie ja selber aus ihm gewonnen; und sie stellt kein einziges seiner Ergebnisse in Frage.

Es will mir nämlich unter alleiniger Verwendung der Begriffe Freund und Feind nicht gelingen, ein Schema aufzustellen wie dieses:

- Philosophie (°) ist die Denkarbeit des Menschen in Hinsicht auf die größtmögliche Erkenntnis der Wahrheit angesichts der Möglichkeit des Irrtums.
    - (°) Ich möchte übrigens glauben, daß die Philosophie, die ja S. 14 nicht mit erwähnt ist, die ‚Diskussion' noch besser erklärt als die Ethik: es handelt sich hier um wahr und

falsch (S. 5); eben, wie Sie sagen, um die „geistige Seite" (S. 25).

- Ethik ist das Handeln des Menschen i. H. auf die größtmögl. Verwirklichung des Guten vor der Möglichkeit, ja Unüberwindbarkeit des Bösen.
- Politik ist das Handeln einer Kollektivität i. H. auf größtmögl. Verwirklichung des Friedens vor der unabwendbaren Möglichkeit des Krieges.

„Die reale Möglichkeit der Unterscheidung von Freund und Feind", „die Existenzialität eines möglichen Feindes" (S. 25) – ist es nicht „kategorialer", zu sagen ... eines Krieges? Es ist natürlich im Grunde gleichgültig, ob ich sage, zum Feind „gehört die reale Eventualität eines Kampfes" (S. 6) oder umgekehrt. Jedenfalls, die Gefährdetheit der Volksexistenz von außen, aber auch von innen (Bürgerkrieg; Innenpolitik), ist das Charakteristische des Politischen. Und die Krisis des Staates und der Staatslehre liegt unzweifelhaft an diesem Punkt, wie die Krisis des ethischen Lebens und der ethischen Wissenschaft daran liegt, daß man das Böse nicht mehr sieht, die reale Möglichkeit des Bösen, theoretisch und praktisch.

Die Einführung dieser Ergänzung hätte anscheinend auch den Vorteil, daß der Akzent nun nicht mehr so stark auf dem Negativen, auf dem Feind und Krieg, liegen braucht. Es ist ja wahr, auch die meisten Moraltheologen betonen mehr die Existenz des Bösen als des Guten. – Und so werden Sie gewiß Bedenken gegen den Begriff des Friedens haben, zumal er so heillos verwässert ist (Oder sollte man lieber ‚Krieg und bonum commune' sagen?). Natürlich ist es genau so schädlich für den Politiker, wenn er friedlich, wie für den Ethiker, wenn er gutmütig ist. Kriege werden wohl doch für den Frieden, für die Selbsterhaltung, das ‚eu Zen' eines Volkes geführt, und es gibt ein Kriterium für den „wirklichen Feind" (S. 17): die Notsituation. Es bedeutet, meine ich, nicht jeder Fremde schon seine seinsmäßige Verneinung der eigenen Existenzform. Raubzüge französischer Könige waren also ungerechte Kriege – weil sie sich nicht gegen einen wirklichen Feind richteten.

Jede Gemeinschaft, die über das Individuum und über sich selber, also über „die individuellen Prinzipien der Gesellsch." (S. 16) hinaus kommt, kann das Opfer des Lebens verlangen, weil ihre Selbsterhaltung Selbstzweck ist. So gibt es zwei „societates perfectas".

Interessant ist, daß bei Hobbes der Feind immer nur als Grenzfall auftritt, während die Unterscheidung von Krieg und Frieden zentral für ihn ist. Feind ist vielleicht nur die primitivste und eklatanteste Form der Bedrohung der Existenz des Staates?

Gerade für meine augenblicklichen Hobbesstudien gibt mir Ihr Aufsatz eine Fülle fruchtbarer Gesichtspunkte. Vielleicht findet sich Ende des Monats eine Gelegenheit, daß ich Ihnen darüber berichte.

Nochmals bitte ich Sie, mir meine Kühnheit nicht allzusehr übel zu nehmen. Ich grüße Sie und Ihre Frau Gattin in herzlicher Verehrung und Ergebenheit

(s)

---

[1] Dieser Brief ist undatiert, gehört jedoch auf Grund des Inhaltes an diese Stelle.

[2] a) C. S., „Der Begriff des Politischen", in: Archiv für Sozialwissenschaft und Sozialpolitik, Bd. 58 Nr. 1, August 1927, S. 1 - 33. Die im Brief benutzten Zitate (jedesmal mit genauer Seitenangabe) sind diesem Aufatz entnommen.
b) Eine gründliche Darstellung der Diskussion der These(n) dieses Aufsatzes im katholischen Lager Deutschlands ist noch Desiderat. Jedenfalls wurden sofort bejahende und ablehnende Stimmen laut, z.B. – pro – von Hermann *Hefele* (1885 - 1936), „Zum Problem des Politischen", in: Abendland, 3. Jg. Nr. 7, April 1928, S. 203 - 205, und – contra – von Pater *Stratmann* O. P., art. cit. [Br 4 FN 4 Punkt a)].

4 (m)

Tübingen, den 6. September 1928
Stöcklestr. 17

Lieber, verehrter Herr Professor!

Sie sind allzu lange ohne Nachricht von mir geblieben. Vielleicht haben Sie auch schon zu Beginn der Ferien meinen Besuch in Godesberg erwartet[1] – aber ich habe meinen Tübinger Aufenthalt nur durch eine kürzere Reise an die Ostsee, wohin ich eine Einladung hatte, unterbrochen. In Berlin hörte ich von Paul *Adams*[2], daß Sie und Ihre Frau Gemahlin den größten Teil der Ferien in Godesberg sein wollen; so habe ich also die Aussicht, Sie zu treffen, wenn ich Ende des Monats ins Rheinland fahre.

Ich schicke Ihnen hier einen kleinen Artikel, den ich für die „Friedenswarte" geschrieben habe. Ich nehme an, daß man Ihnen das April- und Maiheft dieser jetzt von Walter *Dirks*[3] gut geleiteten Zeitschrift geschickt hat, in denen P. *Stratmann* in einem gutgemeinten längeren Aufsatz Ihren „Begriff des Politischen" angreift[4]. Die Hefte sind mir erst kürzlich zu Gesicht gekommen; ich habe dann ein paar Gedanken zur Erwiderung zusammengestellt. Ob und wann sie aufgenommen werden, weiß ich nicht[5].

Im Ganzen hat mich das letzte Semester den staatstheoretischen oder gar politischen Fragen ziemlich ferne gerückt. Ich habe zum ersten Mal in dieser kleinen Stadt, in der ich mich sehr wohl fühle, als Theologiestudent unter Theologen gelebt. Karl *Adam*[6] ist als Gelehrter und als Mensch ein guter Lehrer und ein besserer Theologe als ich zu hoffen gewagt hatte und als man aus seinem zu früh veröffentlichten Buch über das Wesen des Katholizismus[7] schließen kann. Und so bin ich von den theoretischen und praktischen Fragen meines Berufs sehr bewegt. Tübingen regt naturgemäß dazu an, sich mit den so verschiedenen Seiten des heutigen Protestantismus zu beschäftigen; ich freue mich besonders, an *Barth*[8] herangeführt worden zu sein, der alle hiesigen Professoren weitaus überragt.

Ich habe jetzt eine größere Aufgabe übernommen, von der ich Ihnen noch Näheres berichten muß: ich soll ein fast verschollenes Buch des Laien Friedrich *Pilgram* „Physiologie der Kirche" (aus dem Jahre 1860) als III. Band der Sammlung des M. Grünewald-Verlages „Klassiker der Theologie des 19. Jahrh." neu herausbringen, eine Aufgabe, die Karl *Neundörfer*[9] schon begonnen hatte, der auch der Berufene dazu gewesen wäre[10]. Das Buch verrät den Einfluß *Hegels*, steht in gewisser Parallele zu den zeitgenössischen „Naturlehren" des Staates, und ich muß jedenfalls alle soziologischen Kenntnisse, die ich bei Ihnen gelernt habe, zusammennehmen, um die Arbeit einigermaßen zu bewältigen; daneben verlangt sie natürlich auch eine Kenntnis der Theologie des Kirchenbegriffs.

In der Aussicht auf ein Zusammentreffen mit Ihnen in Godesberg darf ich wohl hier abbrechen. Ich grüße Sie mit Ihrer Frau Gemahlin

in alter herzlicher Ergebenheit Ihr

(s)

---

[1] C. S. wohnte damals in Godesberg-Friesdorf, Bonner Straße 211.

[2] a) Über Paul *Adams* (1894 - 1961), der C. S. zeitlebens die Treue hielt, vgl. S. 117 - 118 in P. Tommissen (Hrsg.), Schmittiana III, Berlin: Akademie Verlag, 1991, 181 S. Außerdem B. *Nichtweiß* [Br 5 FN 3], „,Die Zeit ist aus den Fugen'. Auszüge aus den Briefen von Paul Adams an Erik Peterson", S. 65 - 87 in Bernd *Wacker* (geb. 1951), Die eigentlich katholische Verschärfung ... – Konfession, Theologie und Politik im Werk Carl Schmitts, München: Fink, 1994, 324 S.

b) Dem an Günther *Krauss* (1911 - 1989) [FN 4 Punkt c)], einem bedeutenden Berliner Schüler C. S.s und wichtigem Mitglied der Academia Moralis [Br 21 FN 1 Punkt b)], gerichteten Brief P. Adams' vom 18. Mai 1933 entnehme ich diese Sätze: „Von Werner Becker halte ich sehr wenig. Er ist mir zu guardinesk ...." Seine hier vorgelegten Briefe an C. S. belegen m. E. die Fehleinschätzung, die Adams im ersten Satz zum Ausdruck brachte.

[3] Über den bedeutenden Journalisten Walter Dirks (1901 - 1991), der nach Kriegsende (April 1946) mit Eugen *Kogon* (1903 - 1987) die

Zeitschrift „Frankfurter Hefte" gründete, vgl. die Siegener Dissertation von Karl *Prümm* (geb. 1945), Walter Dirks und Eugen Kogon als katholische Publizisten der Weimarer Republik, Heidelberg: Carl Winter, 1984, 432 S., Nr. 53 in der ‚Reihe Siegen', und die Magisterarbeit von Ulrich Bröckling (geb. 1959), Katholische Intellektuelle in der Weimarer Republik. Zeitkritik und Gesellschaftstheorie bei Walter Dirks, Romano Guardini, Carl Schmitt, Ernst Michel und Heinrich Mertens, München: Fink, 1993, 180 S. Dirks' Ideen über Sozialismus und Marxismus dürften von seinem Doktorvater Steinbüchel (Br 11 FN 1) beeinflußt worden sein. – Vgl. auch Br 8 FN 4.

[4] a) Fr. Stratmann O. P., „Um eine christliche Außenpolitik", in: Der Friedenskämpfer, 4. Jg. Nr. 5 und Nr. 6, Mai und Juni 1928, jedesmal S. 1 - 7. – Vgl. Br 3 FN 2 Punkt b).

b) Der Dominikaner Franziskus-Maria Stratmann (1883 - 1971) entfaltete nach dem ersten Weltkrieg eine rege pazifistische Tätigkeit, u. a. mittels der von ihm gegründeten Zeitschrift „Der Friedenskämpfer" (1926 - 33; 1934 - 35 unter dem Titel „Katholische Friedenswarte"). Vgl. sein Buch: In der Verbannung. Tagebuchblätter 1940 - 1947, Frankfurt a. M.: Europäische Verlagsanstalt, 1962, 281 S. Nach Kriegsende hat er sich von neuem engagiert; vgl. seine „Thesen zum gerechten und ungerechten Krieg", S. 34 - 39 im Sammelband: Atomare Kampfmittel und christliche Ethik. Diskussionsbeiträge deutscher Katholiken, München: Kösel-Verlag, 1960, 196 S. Zu Stratmann und seinem pazifistischen Einsatz, vgl. Beate *Höfling*, Katholische Friedensbewegung zwischen zwei Kriegen, Waldkirch: Waldkircher Verlagsgesellschaft, 1979, XV - 351 S., Nr. 5 in der Reihe ‚Tübinger Beiträge zur Friedensforschung und Friedenserziehung'.

c) Wichtig ist eine Briefstelle in Armin *Mohler* (geb. 1920) (Hrsg.), Carl Schmitt – Briefwechsel mit einem seiner Schüler, Berlin: Akademie Verlag, 1995, 475 S.; dort S. 48 (Brief Nr. 16 vom 25. Februar 1949): „...Ich hatte übrigens vor 14 Tagen bei den Dominikanern in Walberberg ein langes friedliches Gespräch mit P. Stratmann; ..." In seinem Schreiben vom 13. Februar 1949 hatte C. S. G. Krauss [FN 2 Punkt b)] bereits Folgendes mitgeteilt: „... P. Franziskus Stratmann konnte ich (in einer unpolemischen Weise) zeigen, daß die Kriminalisierung des Aggressors etwas anderes ist als Vitorias Lehre vom gerechten Krieg ex justo causa." In diesem Satz wird Bezug genommen auf Francisco *de Vitoria* O. P. (1483 - 1546), Die Grundsätze des Staats- und Völkerrechts. Eine Auswahl (hrsg. von Antonio *Truyol Serra* [geb. 1913], Zürich: Thomas-Verlag, 1957, 111 S.; Krauss hatte damals vor, der Völkerrechtslehre dieses bedeutenden spanischen Theologen eine Habil-Schrift zu widmen, die zwar abgeschlossen, jedoch – bedauerlicherweise – nie eingereicht wurde.

[5] W. B., „Nochmals zu Carl Schmitts ‚Begriff des Politischen'", in: Der Friedenskämpfer, 5. Jg. Nr. 1, Januar 1929, S. 1 - 6. Der Aufsatz

knüpft an bei Fr. Stratmanns Kritik [FN 4 Punkt a)] und wird S. 6 - 8 um dessen „Entgegnung" ergänzt.

⁶ a) Über die Ansichten des katholischen Theologen Karl Adam (1876 - 1966), vgl. u. a. (a) Roger *Aubert* (geb. 1914), Le problème de l'acte de foi. Données traditionnelles et résultats des controverses récentes, Löwen: Warny, (1945) 1950, XVI - 806 S., Nr. 36 in der 2. Serie der ‚Dissertationes ad gradum magistri in Facultate Theologica [der Universität Löwen]' (dort S. 522 - 547); (b) Th. Ruster, op. cit. [Br 3], S. 197 - 207; (c) O. Weiß, op. cit. [Br 2 FN 3], S. 492 - 502. – Vgl. auch Einleitung FN 9.

b) W. B. hat damals Gedanken seines Lehrers Adam zusammengestellt: „Von der lebendigen Kirche als dem Quellort meines Christusglaubens", in: Die Schildgenossen, 8. Jg., 1928, S. 490 - 502. Zu seinem 60. Geburtstag widmete er ihm einen eigenen Aufsatz: „Das Kirchenerlebnis der jungen deutschen Generation und die Lebensbewegung der Gesamtkirche", in: Werkblätter, 9. Jg., 1936 - 37, S. 90 - 98.

⁷ K. Adam [FN 6], Das Wesen des Katholizismus, Olten: Walter, (1924) 1944, 304 S. Über die Schwierigkeiten, die der Theologe mit diesem Buch – und anderen Büchern – hatte, vgl. Alfons *Auer,* „Karl Adam 1876 - 1966", in: Theologische Quartalschrift (Tübingen), 150. Jg., 1970, S. 131 - 140 (und S. 141 - 143 drei Briefe zu diesem Thema).

⁸ a) Über die Eigenart der sog. dialektischen Theologie von Karl *Barth* (1886 - 1968), vgl. u. a. (seit 1985 Kardinal) Jean-Jérôme *Hamer* O. P. (1916 - 1996), L'occasionalisme théologique de Karl Barth. Etude sur sa méthode dogmatique, Paris: Desclée De Brouwer, 1949, 297 S., sowie Hans *Küng* (geb. 1928), Rechtfertigung/Die Lehre Karl Barths und eine katholische Besinnung, Einsiedeln: Johannes Verlag, 1957 (dazu die positive Besprechung von J. *Ratzinger* [Br 25 FN 6] in: Wort und Wahrheit [Wien], 12. Jg. Nr. 10, Dezember 1957, S. 804 - 805). Aber auch den Abschnitt „Karl Barth et la théologie de la crise", S. 135 - 138 in Jean-Louis *Gasse,* „République de Weimar et théologie protestante", S. 127 - 145 in Manfred *Gangl* und Hélène *Roussel* (Hrsg.), Les intellectuels et l'Etat sous la République de Weimar, Paris: Eds de la Maison des Sciences de l'Homme, 1993, XI - 263 S.

b) Über C. S. und Barth, vgl. Mathias *Eichhorn* (geb. 1959), Es wird regiert! Der Staat im Denken Karl Barths und Carl Schmitts in den Jahren 1919 bis 1938, Berlin: Duncker & Humblot, 1994, 290 S., Nr. 78 in der Reihe ‚Beiträge zur Politischen Wissenschaft' (es handelt sich um eine Frankfurter Dissertation; Doktorvater: Professor Herfried *Münkler* [geb. 1948]); vgl. die Rezension von Ingeborg *Villinger* (geb. 1946) in: Politische Vierteljahrsschrift, 37. Jg. Nr. 4, 1996, S. 792 - 793.

⁹ Genau wie W. B. studierte der Richtersohn Karl *Neundörfer* (1885 - 1926) zunächst Jura und promovierte 1906 in Gießen, entschied

sich dann für die Theologie, wohl unter dem Einfluß seines Freundes R. Guardini [Br 2 FN 1], mit dem er gleichzeitig im Mai 1910 im Mainzer Dom zum Priester geweiht wurde; vgl. den Nachruf des Freiburger Historikers Philipp *Funk* (1884 - 1937), „Karl Neundörfer †", in: Hochland, 24. Jg. Nr. 1, Oktober 1926, S. 111 - 114, sowie Br 8 FN 8. Die wichtigsten Aufsätze dieses früh Dahingeschiedenen sind von seinem Bruder Ludwig *Neundörfer* (1901 - 1975) und W. Dirks [FN 3] posthum gesammelt worden: Zwischen Kirche und Welt. Ausgewählte Aufsätze aus seinem Nachlaß, Frankfurt a. M.: Verlag der Carolusdruckerei, 1927, 127 S. (dort S. 60 - 73 den zuerst in „Die Schildgenossen", 5. Jg. Nr. 4, 1925, S. 323 - 331 erschienenen Aufsatz über einige Schriften C. S.s: „Religiöser Glaube und politische Form"). – Über Funk, vgl. August *Hagen*, Gestalten aus dem schwäbischen Katholizismus, Stuttgart, 1954, Bd 3 = 354 S.; dort S. 244 - 283 (vgl. die Besprechung von W. B., „Die katholische Aktion zwischen Kirche und Welt", in: Abendland [Einleitung FN 7 Punkt a)], S. 35 - 37), und vor allem Roland *Engelhart*, ‚Wir schlugen unter Kämpfen und Opfern dem Neuen Bresche'. Philipp Funk (1884 - 1937). Leben und Werk, Bern / Frankfurt a. M. / Berlin: Peter Lang, 1996, 553 S., Nr. 695 in der Reihe B der ‚Europäischen Hochschulschriften'. – Vgl. auch Br 29 FN 17 Punkt c).

¹⁰ a) Fr. *Pilgram*, Physiologie der Kirche. Forschungen über die geistigen Gesetze, in der die Kirche nach ihrer natürlichen Seite besteht, Mainz: Matthias-Grünewald-Verlag, (1860) 1931, LIX - 457 S., Bd 3 in der Reihe ‚Deutsche Klassiker der katholischen Theologie aus neuerer Zeit'. Die eigentliche Neuausgabe stammt nicht von Neundörfer [FN 9], sondern von Heinrich *Getzeny* (1894 - 1970); W. B. schrieb die biographische Einführung. – Der Priester Getzeny, der 1925 die Schriftenreihe ‚Deutsche Klassiker der katholischen Theologie aus neuerer Zeit' gründete, prangerte „die katholische Instinktlosigkeit gegenüber Schmitts verführerischer Wirkung" an (also Heinrich *Lutz* [1924 - 1986], Demokratie im Zwielicht. Der Weg der deutschen Katholiken aus dem Kaiserreich in die Republik 1914 - 1925, München: Kösel-Verlag, 1963, 143 S.; dort S. 115); vgl. u. a. seine Aufsätze: „Katholizismus des Seins oder Katholizismus des Geltenwollens", in: Die Schildgenossen, 7. Jg. Nr. 4, 1927, S. 341 - 346, und (ohne Namensnennung aber trotzdem unüberhörbar) „Wie weit ist die politische Theologie des Reiches heute noch sinnvoll?", in: Hochland, 30. Jg. Nr. 12, September 1933, S. 556 - 558. Andererseits hat Getzeny, wie ich schon anderwärtig erwähnt habe (op. cit. [Br 21 FN 1 Punkt b)], S. 107 FN 60), C. S. als Vermittler der Ideen von Georges Sorel (1847 - 1922) in Deutschland einfach – zielbewußt? – ignoriert: „Ein geistiger Wegbereiter des neuen Staates in Italien. Georges Sorel und der Mythus der Gewalt", in: Schönere Zukunft (Wien), 10. Jg. Nr. 45, 4. August 1935, S. 1196 - 1198.

46   Die Briefe

b) W. B. hatte den Laientheologen Friedrich Pilgram (1819 - 1890), der sogar kurzfristig Chefredakteur der Zentrumszeitung „Germania" gewesen ist, bereits skizziert in Emil *Ritter* (1881 - 1968) (Hrsg.), Katholisch-konservatives Erbgut. Eine Auslese für die Gegenwart (mit einem Geleitwort von Abt Ildefons *Herwegen* O. S. B. [1874 - 1946]), Freiburg i. Br.: Herder, 1934, XIII - 413 S.; dort S. 269 - 309 (vgl. die Rezension von St. [= Wilhelm *Stapel*, 1882 - 1954] in: Deutsches Volkstum, 16. Jg. Nr. 5, 1. Märzheft 1934, S. 218 - 219). Er hat ihm später noch einen Kurzartikel gewidmet in: Lexikon für Theologie und Kirche, Bd 8 = 1963 („Palermo bis Roloff"), Sp. 508 - 509. – Vgl. ferner die Monographie von B. *Casper*, Die Einheit aller Wirklichkeit. Friedrich Pilgram und seine theologische Philosophie, Freiburg i. Br.: Herder, 1961, 255 S.; dazu die Rezension von W. B. in: Theologische Revue, 59. Jg., 1963, Sp. 166 - 169. – Der genannte Ritter veröffentlichte außerdem das Buch: Der Weg des politischen Katholizismus in Deutschland, Breslau: Korn, 1934, 312 S. (dazu A. Koenen, op. cit. [Einleitung FN 2 Punkt b)], S. 572 - 575), dessen Thesen von Max *Pribilla* S. J. (1874 - 1956) abgelehnt wurden: „Charakter", in: Stimmen der Zeit, 128. Jg., 1935, S. 297 - 310. Über Pribilla, vgl. sein Buch: Deutsche Schicksalsfragen. Rückblick und Ausblick, Frankfurt a. M.: Knecht, (1947) 1950, 335 S.; auch Th. Ruster, op. cit. [Br 2 FN 3], S. 304 - 312.

5 (m)

Tübingen, 13. Dezember 1928
Grabenstr. 17

Sehr verehrter Herr Professor!

Viel zu lange habe ich Sie ohne Antwort gelassen. Ich hatte die Absicht, nach Augsburg zum Filser Verlag zu fahren, von dort wollte ich die Schildgenossenhefte[1], die ich hier nicht zur Hand habe, gleich mitbringen, um Sie Ihnen zu schicken. Nun hat sich das verzögert bis zur nächsten Woche – hauptsächlich durch eine Reise nach Köln und Bonn, von der ich gerade zurückgekommen bin. Hier war noch wichtiger als der Kölner Parteitag[2] mit den „redaktionellen Besprechungen" mein wiederholtes Zusammensein mit *Peterson*[3]. Ich müßte Ihnen davon vieles berichten. Es ist als ob ich Peterson jetzt erst auch in etwa kennen gelernt hätte. Das mußte ja auch solange dauern, bis ich zum ersten Mal in den zentralen theologischen Fragen einigermaßen Fuß gefaßt hatte.

Sie kennen ja den wunder[schönen?] kleinen Vortrag über die Kirche[4]. Wir haben ihn hier, mit Adam, *Simon*[5], *Geiselmann*[6] nach allen Seiten hin besprochen; daraus ist erst ein Briefwechsel und dann die Reise nach Bonn geworden. Ich gehe jetzt mit ganz andern theologischen Hoffnungen nach Bonn zurück. Auf Adam zu verzichten, wird mir nun nicht mehr so schwer, zumal ich das Bewußtsein mitnehme, mit ihm in ständiger Verbindung zu bleiben.

Daß ich vor dem März nach Berlin käme, ist nicht wahrscheinlich, so gerne ich es wollte und so sehr die neue Schildgenossen-Aufgabe mein altes Laster des Herumvagierens nährt. – Daß Guardini Ihnen so unzugänglich scheint, tut mir leid. Ich weiß nämlich, daß er es gerade Ihnen gegenüber nicht ist. Aber vielleicht meinen Sie mit der „Effacierung" nur, daß er beharrlich alle Gelegenheiten meidet, besonders das katholische Berlin betriffs. Das habe ich immer bedauert, aber auch wohl verstanden.

Wie geht es denn Ihrer Frau Gemahlin? Mit guten Adventswünschen

Ihr treu ergebener

(s)

---

[1] „Die Schildgenossen. Zweimonatsschrift aus der katholischen Lebensbewegung" war die Zeitschrift des Quickborns [Br 2 FN 2]; sie mußte am 1. Juni 1941 ihr Erscheinen einstellen. C. S.s Einfluß auf diese Zeitschrift wird erwähnt von H. Lutz, op. cit. [Br 4 FN 10 Punkt a)], S. 115), sowie von Th. Ruster, op. cit. [Br 2 FN 3], S. 158, und an Hand einiger Beispiele (S. 184 - 185) belegt von Hermann *Greive*, Theologie und Ideologie. Katholizismus und Judentum in Deutschland und Österreich 1918 - 1935, Heidelberg: Verlag Lambert Schneider, 1969, 320 S.

[2] Wie ich von Herrn Hans Elmer *Onnau* (geb. 1930) erfuhr (Brief vom 2. November 1996), liegt über diese Tagung des Zentrums [Anla-

ge A, 1. Brief FN 2] ein gedruckter Bericht vor: Offizieller Bericht des Fünften Reichsparteitages der Deutschen Zentrumspartei, Trier: Paulinus-Druckerei, o. J. (= 1928), 101 S. Die Tagung war insofern wichtig, als Msgr. *Kaas* [Anlage A, 1. Brief FN 2] zum Vorsitzenden gewählt und somit, Rudolf *Morsey* (geb. 1927) zufolge, eine Rechtsschwenkung des Zentrums eingeläutet wurde; vgl. Morseys Beitrag „Die deutsche Zentrumspartei", S. 281 - 453 in dem Sammelband: Das Ende der Parteien 1933, Düsseldorf: Droste, 1960, XV - 816 S. Vgl. auch den Tagungsbericht von Karl *Klein*, „Zentrumsparteitag in Köln", in: Abendland [Einleitung FN 7 Punkt a)], 4. Jg. Nr. 4, Januar 1929, S. 104 - 106.

[3] a) Über den erst evangelischen, dann katholischen Theologen Erik Peterson (1890 - 1960), vgl. (a) Alfred *Schindler* (geb. 1934) (Hrsg.), Monotheismus als politisches Problem. Erik Peterson und die Kritik der politischen Theologie, Gütersloh: Mohn, 1978, 234 S., Nr. 14 in der Reihe ‚Studien zur evangelischen Ethik'; (b) Kurt *Anglet*, Walter Benjamins Konstruktion der historischen Dialektik und deren Aufhebung ins Eschatologische durch Erik Peterson, Berlin: Akademie Verlag, 1995, 322 S.; (c) das Standardwerk von Barbara Nichtweiß (geb. 1960) [vgl. auch Br 4 FN 2], Erik Peterson. Neue Sicht auf Leben und Werk, Freiburg: Herder, 1992, XVII - 966 S. Petersons ausgewählte Schriften werden von B. Nichtweiß hrsg. in Würzburg: Echter; von den 12 geplanten Bänden ist 1994 der erste Band erschienen. – Über Petersons Verhältnis zu C. S., vgl. B. Nichtweiß, S. 724 - 762; vgl. auch Br 1 FN 3, sowie die Br 14 und 19. – Betreffs Walter *Benjamin* (1892 - 1940) und C. S. vgl. u.a. die gekürzte Buchausgabe der Bremer Dissertation (Doktorvater: Professor Peter *Bürger* [geb. 1936]), von Susanne *Heil*, ‚Gefährliche Beziehungen'. Walter Benjamin und Carl Schmitt, Stuttgart/Weimar: Metzler, 1996, VIII - 222 S., sowie eine diesbezügliche Studie im Aufsatzband von Michael *Rumpf* (geb. 1948), Elite und Erlösung. Zu antidemokratischen Lektüren Walter Benjamins, Cuxhaven/Dartford: Traude Junghans Verlag, 1997, 104 S., Nr. 12 in der Reihe ‚Essay Philosophie' (dort S. 7 - 30: „Radikale Theologie. Benjamins Beziehung zu Carl Schmitt"; es handelt sich um den Nachdruck eines bereits 1976 veröffentlichten Aufsatzes).

b) W. B. hat sich mit Peterson beschäftigt. So hat er über einen Baseler Vortrag des konvertierten Theologen berichtet: „Christliche Universitätswoche in Basel", in: Catholica, 5. Jg., 1936, S. 126 - 135. Vgl. auch Einleitung FN 9 und Br 19 FN 4.

[4] E. Peterson, Theologische Traktate, München: Kösel, 1950, 429 S., in der ‚Hochland-Bücherei'; dort S. 409 - 424: „Die Kirche" (1929). Vgl. dazu C. S., op. cit. [Br 19 FN 3 Punkt b)], S. 61 - 62 FN 8, sowie B. Nichtweiß, op. cit. [FN 3], S. 846 - 853 („b) ‚Die Kirche' und ihr katholisches Echo" (hier allerdings als Traktat, nicht als Text einer Rede vorgeführt). Der Peterson-Band wurde ausführlich besprochen

von A. Dempf [Br 19 FN 3 Punkt a)], „Irdische und himmliche Welt. Zu Erik Petersons ‚Theologischen Traktaten'", in: Hochland, 44. Jg. Nr. 1, Oktober 1951, S. 64 - 66. – Vgl. Br 19 FN 4.

[5] Der mit C. S. befreundete Paul *Simon* (1882 - 1946) lehrte in Paderborn (1920 - 25) und Tübingen (1925 - 33), wurde 1933 Dompropst und Offizial in Paderborn. Über ihn, vgl. u. a. den anonymen Nachruf in: Westfälische Zeitung, 29. November 1946.

[6] Joseph Rupert *Geiselmann* (1890 - 1970) hat in Tübingen Theologie gelehrt; vgl. die Nachrufe von Leo *Scheffczyk:* (a) Joseph Rupert Geiselmann zum Gedächtnis. 27.2.1890 - 5.3.1970", in: Attempto, Nr. 35 - 36, 1970, S. 84 - 86; (b) „Josef Rupert Geiselmann – Weg und Werk", in: Theologische Quartalschrift, 150. Jg., 1970, S. 385 - 395. Im Zusammenhang mit der Thematik des Briefes ist sein Buch erwähnenswert: Die Katholische Tübinger Schule. Ihre theologische Eigenart, Freiburg i. Br.: Herder, 1964, 623 S.

° 6 (m)

Tübingen, den 9.3.29.

Verehrter, lieber Herr Professor!

Ich habe Sie lange ohne jede Nachricht gelassen. Zuerst wollte ich das Januarheft des Friedenskämpfers abwarten (Sie haben es wohl inzwischen erhalten) und danach bin ich fast drei Wochen im Rheinland hin und her gereist, sodaß ich auch nicht ans Schreiben gekommen bin.

Was sagen Sie denn nun zu der ganzen Auseinandersetzung? Im Grunde handelt es sich doch bei *Hildebrand* um die Frage der societas perfecta und die Konsequenzen aus dieser Theorie[1]. Diese sachliche Seite der Frage tritt aber m. E. bei der polemischen Art des Angriffs für den unbefangenen Leser nicht hervor. Die gegenseitige Verketzerung scheint ja heute zum Verkehrston solcher Auseinandersetzungen zwischen uns Katholiken geworden zu sein; so sagte ich auch Adam, als er über den Ton sehr aufgebracht war. Daß ich Hildebrand durch einen mißverständlich formulierten Nebensatz Gelegenheit zu ein paar Seiten Erwiderung gegeben habe, ist mir unangenehm und ich mache es eigentlich Walter Dirks zum Vorwurf, daß er mir keine Mitteilung gemacht hat.

Peterson habe ich in Bonn leider vergebens zu treffen versucht. Ich freue mich aber auf den Sommer, wenn ich sein Kolleg hören kann, nun mit etwas mehr Verständnis, als es 2 Jahre vorher möglich gewesen wäre. Mit Guardini dagegen bin ich in Köln und in Aachen zusammengetroffen. Sein Vortrag in der Kantgesellschaft[2] hat uns alle doch sehr befriedigt, und ich freue mich dasselbe auch von Nikolai *Hartmann*[3] und seinen Schülern zu wissen. Es ist doch schade, daß Sie in Berlin noch nicht mit Guardini zusammengetroffen sind[4]; Guardini sagte mir auch, daß er das sehr bedaure. Peterson hat ja gegen ihn den Einwand, daß er nicht genug Theologe ist. Auf der einen Seite hat er damit Recht und es ist sicher, daß ihm in seiner Lage ein solcher Mangel gerade bei den edelsten und berufensten Menschen unter den Katholiken am schmerzlichsten sein muß. Andererseits glaube ich aber (und es ist schade, daß ich Ihnen das nicht einmal mündlich auseinandersetzen kann), daß vieles von dem, was Guardini schafft, für ihn notwendige Vorarbeit zur theologischen Leistung ist.

Es würde mich freuen, von Ihnen zu hören, lieber Herr Professor. Sind Sie von der schleichenden Grippe dieses Winters verschont geblieben? In den Ferien werden Sie gewiß im Süden bei Ihrer verehrten Frau Gemahlin sein; ich bitte Sie, mich ihr mit herzlichen Genesungswünschen zu empfehlen[5].

Ich grüße Sie in dankbarer Verehrung

(s)

---

[1] a) Dietrich *von Hildebrand*, „Zur Begrenzung des Staates", in: Der Friedenskämpfer, 5. Jg. Nr. 1, Januar 1929, S. 8 - 16; übernommen S. 186 - 200 in seinem Aufsatzband: Zeitliches im Lichte des Ewigen, Regensburg: Habbel, 1932, 387 S., sowie S. 285 - 294 in seinem von Karla *Mertens* hrsg. Aufsatzband: Die Menschheit am Scheideweg. Gesammelte Abhandlungen und Vorträge, Regensburg: Habbel, o.J. (1959), 659 S.
b) D. von Hildebrand (1889 - 1977) lehrte Philosophie in München, wurde 1933 durch den sog. Arierparagraphen zum Rücktritt gezwun-

gen und emigrierte über Österreich und Spanien in die U.S.A., wo er ab Ende 1940 einen Lehrstuhl innehatte. Während seines Verbleibs in Österreich gab er die Wochenschrift „Der christliche Ständestaat" (mit-)heraus (1933 - 38), die bezeichnenderweise den Aufsatz von C. S.s langjährigem Freund Franz *Blei* [1871 - 1942] anonym abdruckte: „Der Fall Carl Schmitt. Von einem der ihn kannte", 2. Jg., 15. Dezember 1936, S. 1217 - 1220. – Über von Hildebrand, vgl. u. a. Rudolf *Ebneth,* Die österreichische Wochenschrift ‚Der christliche Ständestaat'. Deutsche Emigration in Österreich 1933 - 1938, Mainz: Matthias-Grünewald-Verlag, 1976, XXVIII - 271 S., Nr. 19 in der Reihe B der ‚Veröffentlichungen der Kommission für Zeitgeschichte'; dort S. 35 - 42. Nach Kriegsende veröffentlichte von Hildebrand u. a. „Wahre Sittlichkeit und Situationsethik" und „Christliche Ethik", beide Düsseldorf: Patmos-Verlag, 1957 bzw. 1959, 194 bzw. 560 S. – Als Einstieg in sein Denken ist u. a. geeignet Walter *Hoeres* (geb. 1928), „Grandseigneur des katholischen Konservatismus. Abschied von Dietrich von Hildebrand", in: Criticón (München), 7. Jg., Nr. 40, März - April 1977, S. 79 - 82.

c) M. W. hat C. S. von Hildebrand nur einmal erwähnt und zwar seines „berühmt gewordenen Aufsatzes des Husserl'schen Jahrbuches für Philosophie und phänomenologische Forschung" wegen; vgl. seinen Beitrag „Die Tyrannei der Werte", S. 37 - 62 in: Säkularisation und Utopie. Ebracher Studien Ernst Forsthoff zum 65. Geburtstag, Stuttgart: Kohlhammer, 1978, 382 S.; dort S. 60 FN 9.

² Über diese Angelegenheit teilte mir Herr Christian *Tilitzki* (geb. 1957) unter dem 5. Oktober 1996 Folgendes mit: „In der Berliner Ortsgruppe der Kantgesellschaft wurden die Vorträge numeriert. Der 17. Bericht der OG, veröffentlicht in KS 34, 1929, S. 523 - 524, verzeichnet keinen Guardini-Vortrag, ebensowenig der 18. Bericht 1930. Am 27.1.1926 sprach G. über ‚Die religiöse Erkenntnisbedeutung des Kultes' (KS 32, 1927, S. 549), das kann aber wohl nicht gemeint sein." Ich nehme dennoch an, daß W. B. diesen Vortrag gemeint hat.

³ Über den Werdegang des bedeutenden Philosophen Nicolai *Hartmann* (1882 - 1950), Verfasser des bedeutenden Werkes „Das Problem des geistigen Seins. Untersuchungen zur Grundlegung der Geschichtsphilosophie und der Geisteswissenschaften" (Berlin: W. de Gruyter, [1932] 1949, 564 S.; vgl. die Besprechung von Hans-Joachim *Schoeps* [1909 - 1980] in der von ihm begründeten „Zeitschrift für Religions- und Geistesgeschichte", 2. Jahrg. Nr. 2, 1949 - 50, S. 183 - 184), unterrichtet kurz Wolfgang Fritz *Haug* (geb. 1936), „Nicolai Hartmanns Neuordnung von Wert und Sinn", S. 159 - 187 in W. F. Haug (Hrsg.), Deutsche Philosophie 1933, Berlin/Hamburg: Argument-Verlag, 1989, 261 S., Nr. 165 in der Reihe ‚Argument-Sonderband', über sein Denken u. a. Heinz *Hülsmann,* Die Methode in der Philosophie Nicolai Hartmanns, Düsseldorf: Schwan, 1959, 218 S.

⁴ Dennoch hatten C. S. und Guardini [Br 2 FN 1] bereits Briefe gewechselt; vgl. A. Koenen, op. cit. [Einleitung FN 2 Punkt b)], S. 40 FN 95 und S. 100 FN 73. Guardini hat in einem Büchlein ein Buch C. S.s zustimmend herangezogen: Die Technik und der Mensch. Briefe vom Comer See, Mainz: Matthias-Grünewald-Verlag, (1927) 1981, 96 S., Nr. 108 in der Reihe ‚Topos-Taschenbücher'; dort S. 17 - 18. Vgl. auch seinen Aufsatz „Rettung des Politischen", in: Die Schildgenossen [Br 5 FN 1], 4. Jg., 1923 - 24, S. 112 - 121; dazu A. Koenen, op. cit. [Einleitung FN 2 Punkt b)], S. 40 FN 94, sowie die Aachener Dissertation (Doktorvater: Professor Kurt *Lenk* [geb. 1929]) von Henrique Ricardo *Otten* (geb. 1958), Zwischen Positivismus und Transzendenz. Das politisch-juristische Denken Carl Schmitts von den Frühschriften bis zum ‚Begriff des Politischen', Aachen: Trans-Aix-Press, 1996, V - 207 S. (dort S. 178 - 181). Leider hat C. S. einen in seinem Brief an K. *Muth* [Br 12 FN 4] vom 5. Mai 1924 in Aussicht gestellten offenen Brief an Guardini nicht geschrieben. – Zum Thema, vgl. die Studien von Roberto *Esposito* (geb. 1950), „Schmitt e Guardini", in: Alfabeta, Nr. 76, September 1985, S. 29, und – gründlicher – „Teologia Politica. Modernità e decisione in Schmitt e Guardini", in: Il Centauro, Nr. 16, Januar - April 1986, S. 103 - 139.

⁵ C. S.s Gattin [Br 1 FN 3] mußte sich im Mai und im Juli 1929, einer Lungenentzündung wegen, im Kaiser-Friedrich-Krankenhaus in San Remo (Schweiz) erneut einer Operation unterziehen. Vgl. B. Nichtweiß, art. cit. [Br 4 FN 2], S. 82. Das war schon der Fall gewesen im Jahre 1924. Vielleicht hatte Ludwig *von Ficker* (1880 - 1967) das Krankenhaus damals empfohlen; jedenfalls hat C. S. sich beim Herausgeber der bedeutenden Zeitschrift „Der Brenner" (Innsbruck) in seinem Schreiben vom 9. Juli 1924 erkundigt und sich am 21. Juli 1924 für die eingetroffene Auskunft bedankt. – Obzwar sich die herangezogenen Originalbriefe im Brenner-Archiv (Innsbruck) befinden, sind sie merkwürdigerweise nicht abgedruckt in Ludwig von Ficker, Briefwechsel 1914 - 1925, Innsbruck: Haimon Verlag, 1988, 590 S.

Die Briefe 53

7 (h)

Aachen, Ostermontag 1933
Jülicherstr. 70

Sehr verehrter Herr Professor!

Ob Sie die Ostertage mit Ihrer Familie schon in Köln verleben[1]? Ich sende Ihnen meine herzlichen Wünsche dazu.

Ich selber bin „auch versetzt": Studentenseelsorger in Marburg. Also plötzlich wieder in akademischer Luft Es fällt schwer, sich von der eben angefangenen Arbeit hier loszumachen. Im übrigen weiß ich noch nicht, ob es richtig ist oder falsch, aus dem Rheinland zu gehen, das im neuen (oder soll ich sagen: jetztigen) Deutschland so rettungslos an den Rand geraten ist. Soll ich Sie nicht vor meiner Übersiedlung noch einmal besuchen? Dafür fände sich wohl in der letzten Aprilwoche Gelegenheit.

Mit guten Ostergrüßen für Sie und Ihre Frau Gemahlin
in Verehrung Ihr

(s)

---

[1] Nachdem er einen Ruf der dortigen Universität angenommen hatte, verzog C. S. zum Sommersemester 1933 nach Köln. Über diesen Abschnitt seiner akademischen Laufbahn, vgl. Frank *Golczewski* (geb. 1948), Kölner Universitätslehrer und der Nationalsozialismus. Personengeschichtliche Ansätze, Köln/Wien: Böhlau, 1988, IX - 481 S., Nr. 8 in der Reihe ‚Studien zur Geschichte der Universität Köln'; dort vor allem S. 298 - 304 („‚Wir lernen wieder unterscheiden'"). Auch meine Abhandlung, art. cit. [Br 19 FN 3 Punkt b)], S. 85 - 86.

° 8 (m)

Marburg, den 15. Dez. 1933
Bahnhofstr. 12a

Sehr verehrter, lieber Herr Professor![1]

Gerade habe ich die Kritik von *Strauß* an Ihrem Begriff des Politischen nochmal gelesen[2]. Es ist wirklich, wie Sie ja auch damals in Köln sagten, eine gute Kritik[3]. Nur würde ich doch betonen, daß die entscheidende Abkehr vom Liberalismus durchaus auf dem Grunde der Abhandlung liegt, wenn ich auch Strauß zugeben muß, daß sie nicht immer terminologisch zum Ausdruck kommt. Es ist nicht richtig zu sagen, daß Sie sich an die „Moral-Auffassung der Gegner" „binden" – aber Sie binden sich in dem Aufsatz an deren Moral-Terminologie. Sie lehnen es ab, den Menschen als moralisch böse zu bezeichnen, weil das Wort moralisch sofort humanitär mißverstanden würde. Die Schwierigkeit liegt wohl darin, daß es nicht möglich ist, von der Natur des Menschen, seiner Gefährdetheit und Gefährlichkeit und von seiner Bedürftigkeit zu sprechen, ohne die Erbsünde zu erwähnen. Damit gibt es aber für den Christen eine moralische Qualität, die man mit gläubigen Wirklichkeitssinn annehmen und anwenden muß, ohne daß daraus dem Einzelnen ein moralischer Vorwurf erwachsen könnte. Der Mensch ist eben kein gutartig böses Tier (wie für Hobbes, bei dem „Leitung durch den Verstand" Begriffen wie Dressur und Gewöhnung völlig gleichgeordnet sind), sondern eben ein gutwillig erbsündiger Mensch, in dieser schwer durchdringbaren Spannung zwischen Freiheit und Endlichkeit, die von der Tatsache der Erlösung kommt. Und es macht die Lage des Menschen aus, daß die Gnade die Natur normalerweise nicht verändert, vielleicht nicht einmal erzieht (ich meine nach menschlichem Augenschein und im Bereich der Erfahrung), und dabei doch umschafft und umwertet.

Man könnte also der Schrift gegenüber zweierlei Wünsche äußern: ihre Hinführung zur politischen Metaphysik – das wäre der Hinweis darauf, daß der oberste Begriff des Politischen positiv ist, also Ordnung, aber spezifisch solche Ordnung, in der der Begriff des Kampfes und des Feindes „mitgesetzt" ist (Dirks)[4] und die in der Möglichkeit und Bereitwilligkeit, den Feind zu unterscheiden besonders sichtbar und wohl auch erst konstituiert wird. Und der andere Wunsch: ihre Hinführung zur politischen Theologie.

Nun mag Strauß recht haben: Der Liberalismus für sich allein ist eigentlich kein rechter Gegner für den Aufwand einer Theologie. Ob man den Menschen wie Hobbes oder wie Rousseau ansieht, ist eigentlich mehr eine Geschmackssache. Gemeinsam ist beiden das, was Sie den „antireligiösen Diesseitsaktivismus" nennen. Und hier ist tatsächlich der Feind, gegen den wir kämpfen. Ich halte es deshalb für unsinnig, dem Nationalsozialismus einen Vorwurf daraus zu machen, daß er den Liberalismus und den Marxismus gleichzeitig bekämpft. Der Marxismus ist ja nur der Fall, daß jener antireligiöse Individualismus zum „Massenglauben" (nach Ihrem Ausdruck) wird.

Soweit Liberalismus nicht solcher Diesseitsglaube ist, wird er meine ich, wohl eigentlich durch wachsende Welt- und Menschenerfahrung überwunden – im Leben des einzelnen wie der Völker. Das Üble war nur, daß unsere Welt in dieser Beziehung so denaturiert war, daß man kaum noch echte Erfahrung mehr machen konnte. (Ich persönlich habe übrigens etwas davon gemerkt, als es galt, den Einsatz gegen Separatisten und Besatzungsbehörde zu wagen.)

In diesem Zusammenhang denke ich an den Prozeß *Dessauer*[5]. Sein einziger Fehler ist wirklich nur Gutmütigkeit gewesen: Die Angst, ein landesverräterisches Dokument eines Schulkameraden genau zu lesen, damit sich der nicht am Ende als böse herausstellt. Eine Lehre ist uns der Prozeß sicher, im Rahmen der großen Lehre, die uns Leser und Mitschöpfer der Rhein-Mainischen Volkszeitung[6] erst *Brüning* und dann deutlicher der Nationalsozialismus gebracht hat. Wenn Dessauer aber diffamiert oder verurteilt würde, so würden wir das als ein Zeichen nehmen müssen, daß der Staat (denn ihn trägt ja ganz und gar die Bewegung, die der Staatsanwalt zuerst vertritt und wegen dieses Zusammenfallens zuerst vertreten kann), also, daß der Staat, unser Staat, unsere Generation fallen läßt. Nicht als ob Dessauer ein Führer gewesen wäre. Dafür empfanden wir doch mal die Artfremdheit bei ihm zu sehr. Aber er hat uns Jungen auf unserm Weg Anregungen gegeben. Was mir zu denken und zu sorgen gibt, ist, daß der Staatsanwalt ihn wie einen Feind behandelt. In Ihrer neuen Schrift „Staat, Bewegung, Volk"[7], die ich gestern gelesen habe, unterscheiden Sie deutlich den Volksfremden und den Staatsfeind, so nah auch diese beiden Begriffe einander gerückt sind. Man kann den Volksfremden in seine Schranken zurückweisen müssen. Man muß ihm aber zugestehen, daß er ein Patriot und erst recht, daß er ein Christ sein oder werden kann. Selbst wenn er die Tragik, nicht dem deutschen Volk, sondern eben dem einst außerwählten Volke anzugehören, dabei behält. Es kommt mir schwierig vor, mich Ihnen verständlich zu machen, der Brief wird auch viel zu lang. Die Lage dieses Prozeßes wird ja auch dadurch, daß Dessauer aller Wahrscheinlichkeit nach von Juden abstammt, wohl kompliziert, aber nicht allein charakterisiert Ich denke auch an die vielen verständnislosen Urteile gegen den Katholizismus überhaupt, die in diesem Prozeß fallen. Der Liberalismus, gegen den hier gekämpft wird, ist nicht marxistischer, sondern christlicher „Liberalismus". D. h. aber, er ist Liberalismus auf Widerruf. Der Christ kann im Ernstfall nicht liberal bleiben. Daher finde ich auch unter meinen Freunden (und bei mir selbst) soviel ehrlichen Anschluß an den Nationalsozialismus. Gegen diesen Liberalismus von gestern, der auf mangelnder Wirklichkeitseinsicht und mangelndem Zuendedenken der christlichen Prinzipien beruhte, lohnt es sich heute, wo die Zeitbestimmung des pseudokatholischen Ausgleichs gründlich vorbei ist, nicht mehr, anzukämpfen. Es gereicht sogar Deutschland zum Verderb, das zu tun. Es kommt jetzt alles darauf an, daß die katholische Kirche ihren Platz in der dritten Sphäre, im „Volk", findet. (Ich hätte große Lust, im Anschluß an Ihre Anmerkung S. 17 darüber zu schreiben.) Das geht aber nicht aufgrund der noch immer bestehenden gegenseitigen Gereiztheit, die sofort politischen Charakter annimmt. Alles sonst ist geeignet, dem Katholiken Zugehörigkeitsgefühl zu geben. Er ist in Großdeutschland (wenn nur Österreich aus seinen Experimenten herauskäme) die eine von den beiden auch an Zahl und an Kraft des Volkstums mit der andern gleichstarke Säule deutschen Volkstums. Es muß aufhören, daß er sich als in die Defensive gedrängte Minderheit fühlt. Das geht aber nur mit dem Vertrauen und der Bereitschaft echter Wirklichkeitssicht.

Gerade muß ich über die „Katholische Aktion" schreiben[8]. Im Januar habe ich in Berlin 2 Vorträge über „Neuere Versuche politischer Theologie". Über beides möchte ich gerne noch mit Ihnen sprechen. Sind Sie wohl in der Weihnachtszeit in Köln zu treffen? Ich komme am Freitag den 22. kurz nach Mittag dort an. Neujahr muß ich schon wieder hierher zurück.

Und nun, was eigentlich am Anfang des Briefes hätte stehen sollen, meinen herzlichen Glückwunsch zu Ihren großen Erfolgen in dem ereignisreichen letzten Halbjahr. Ich habe ja Ihnen so geschrieben, als wären Sie noch ganz der alte Professor Schmitt. Und mir sogar meine Position dadurch verdorben, daß ich das Thema der Judenfrage angeschnitten habe[9]. Aber Sie wissen, worauf es mir ankommt.

Mit herzlichem Gruß für Sie und Ihre Frau Gemahlin bin ich in Verehrung Ihr

Herzliche Weihnachtswünsche! (s)

---

[1] Aus diesem Brief, von dem ich ihm eine Ablichtung zugeleitet habe, hat Heinrich *Meier* (geb. 1953) zitiert in seinem wichtigen Buch: Die Lehre Carl Schmitts. Vier Kapitel zur Unterscheidung Politischer Theologie und Politischer Philosophie, Stuttgart/Weimar: Metzler, 1994, 267 S.; dort S. 114 FN 5, S. 131 FN 39, S. 136 FN 47.

[2] a) H. Meier [FN 1], Carl Schmitt, Leo Strauss und der ‚Begriff des Politischen'. Zu einem Dialog unter Abwesenden, Stuttgart: Metzler, 1988, 141 S.; dort S. 97 - 125 der Aufsatz von Leo *Strauss* (1899 - 1973): „Anmerkungen zu Carl Schmitt, Der Begriff des Politischen" (dazu S. 127 - 128 eine editorische Notiz von H. Meier). Von der geplanten sechsbändigen Edition der Gesammelten Schriften Straussens ist der erste Band erschienen: Die Religionskritik Spinozas und zugehörige Schriften, Stuttgart: Metzler, 1996, XIV- 434 S. – Als erster Einstieg in sein Leben, Werk und Denken ist geeignet Till *Kinzel*, „Leo Strauss (1899 - 1973)" in: Criticón, 27. Jg., Nr. 153, Januar - März 1997, S. 9 - 12. Eine gründlichere Beschäftigung ist u.a. Kenneth L. *Deutsch* und Walter *Niggorski* (Hrsg.), Leo Strauss, Political Philosopher and Jewish Thinker, Lanham (MD, USA), 1993, IX - 396 S.

b) Auch in den USA erschienen in letzter Zeit mehrere Studien über das Thema C. S.-Strauss. Nur drei Beispiele: (a) Maurice *Auerbach*, „Carl Schmitt's Quest for the Political: Theology, Decisionism, and the Concept of the Enemy", in: Interpretation, 21. Jg. Nr. 2, Winter 1993 - 94, S. 201 - 214; (b) John P. *McCormick*, „Fear, Technology and the State: Carl Schmitt, Leo Strauss, and the Revival of Hobbes in Weimar and National Socialist Germany", in: Political Theory, 22. Jg. Nr. 4, November 1994, S. 636 - 644; (c) Robert *Howse*, „From Legitimacy to Dictatorship – and Back Again: Leo Strauss's Critique of the Anti-Liberalism of Carl Schmitt", in: The Canadian Journal of Law & Jurisprudence, 10. Jg. Nr. 1 (ein C. S.-Heft), Januar 1997, S. 77 - 103.

[3] C. S., Der Begriff des Politischen. Text von 1932 mit einem Vorwort und drei Corollarien, Berlin: Duncker & Humblot, (1963) 1996, 124 S.; dort S. 118 (L. Strauss und Helmut *Kuhn* [1899 - 1991] werden als „aufmerksame Leser" der Schrift bezeichnet).

[4] Welche Veröffentlichung von Dirks [Br 4 FN 3] enthält diese Formel? Vielleicht der Aufsatz „Zur politischen Front der deutschen Katholiken", aufgenommen S. 180 - 192 in seinem Sammelband: Erbe und Aufgabe. Gesammelte kulturpolitische Aufsätze, Frankfurt a. M.: Verlag der Carolus Druckerei, 1931, 216 S. Bröckling zufolge, „bestimmt auch Dirks [in jenem Aufsatz] die Unterscheidung von Freund als Feind als die spezifisch politische": op. cit. [Br 4 FN 3], S. 85. – In seinem an mich gerichteten Brief vom 26. Februar 1952 schrieb Dirks Folgendes: „...Ich halte seine Kritik am Liberalismus für bedeutend und richtig. In der Beschreibung des faktischen Zustands (zur Frage Macht und Recht) hat er großartige Leistungen vollbracht; seine Analyse der ‚Entscheidung' ist wichtig und fruchtbar. Falsch und gefährlich scheint mir sein Positivismus der faktischen Macht gegenüber zu sein. Indem er die liberale Illusion zerstört, schüttet er das Kind mit dem Bade aus. Ein Mann, der erkannt hat, daß es keinen ewigen Frieden geben kann und der deshalb Freude am Krieg hat (statt für einen nicht-ewigen Frieden zu kämpfen). Ein Mann, der erkannt hat, daß sich einige Knoten nicht auflösen lassen, sondern durchschlagen werden müssen, und der vor lauter Genugtuung darüber, daß er nicht so dumm ist wie die Illusionisten, die alle Knoten lösen wollen, Spaß an jedem unlösbaren Knoten hat (statt alle lösbaren zu lösen)..."

[5] Über den Ingenieur, Erfinder und Biophysiker Friedrich *Dessauer* (1881 - 1963), der in Frankfurt (1921 - 23) unterrichtete, Zentrumsabgeordneter (1924 - 30) und Berater des Reichskanzlers (1930 - 32) Heinrich *Brüning* (1885 - 1970) gewesen ist, nach seiner Emigration in Istanbul (1934 - 37) und Fribourg (1937 - 53) und nach seiner Rückkehr wiederum in Frankfurt gelehrt hat, vgl. den Rückblick von Hans *Sachsse*, „Technik gestaltet die Welt. Zum 100. Geburtstag von Fried-

rich Dessauer", in: Frankfurter Allgemeine Zeitung, Nr. 163 vom 18. Juli 1981, S. 19. Sachsse hebt seine Verdienste als Forscher hervor, jedoch auch die Tatsache, daß Dessauer kein Stubengelehrter war: vgl. seine Bücher: Kooperative Wirtschaft. I, Bonn: Cohen, 1931, X - 160 S. (der 2. Band ist nicht erschienen), und: Streit um die Technik, Frankfurt a. M.: Knecht, 1958, 480 S. Dennoch dürfen gewisse Inkonsequenzen in Dessauers Werdegang nicht verkannt werden, wie hervorgehoben wird von Georges *Roche,* „Les rêves technocratiques sous Weimar: de la liberté à la servitude", in G. Merlio, op. cit. [Einleitung FN 14 Punkt b)], S. 175 - 195 (dort S. 179 und vor allem S. 185). Interessant in diesem Zusammenhang ist die Kontroverse zwischen Hermann *Lufft* und Dessauer in: Abendland [Einleitung FN 6 Punkt a)], 2. Jg. Nr. 6, März 1927, S. 177 - 181 bzw. 181 - 183.

b) Über diesen Prozeß, vgl. B. *Lowitsch,* op. cit. [FN 6], S. 12 - 16: „1.3.2. Der ‚Kleine Volksvereinsprozeß' im Dezember 1933". Dessauer und die anderen Angeklagten wurden freigesprochen.

6 Über diese Zeitung, vgl. die Buchausgabe der Bremer Dissertation (Doktorvater: Professor Hans-Josef *Steinberg* [geb. 1935]) von Bruno Lowitsch, Der Kreis um die Rhein-Mainische Volkszeitung, Wiesbaden: Steiner + Frankfurt a. M.: Knecht, 1980, IX - 143 S.

7 C. S., Staat, Bewegung, Volk. Die Dreigliederung der politischen Einheit, Hamburg: Hanseatische Verlagsanstalt, 1933, 46 S., Nr. 1 in der Reihe ‚Der deutsche Staat der Gegenwart'.

8 Die ‚Katholische Aktion' ist vom rührigen Papst *Pius XI.* (eig. Achille *Ratti;* 1857 - 1932) in seinem Rundschreiben vom 23. Dezember 1922 „Ubi arcano" ins Leben gerufen worden: Die Laien sollten künftighin in das Apostolat der Kirche eingeschaltet werden, indem sie sich politischen Formationen gegenüber neutral zu verhalten und jede Form des Laizismus abzulehnen hatten. Merkwürdig ist ein Satz von A. Dempf [Br 19 FN 3 Punkt a)] in seinem Aufsatz „Die Stellung des Katholizismus zum Fascismus", in: Europäische Revue, 8. Jahrg. Nr. 11 (ein dem italienischen Faschismus gewidmetes Heft), November 1932, S. 750 - 754; dort S. 754: „... Er [der Katholizismus] kann beim fascistischen Einparteienstaat nicht daran denken, seine Rechte von einer politischen Partei vertreten zu lassen. Und so dürfte die besondere Form der ‚actio catholica' als einer freien, unpolitischen Vereinigung der katholischen Organisationen gesellschaftlicher und religiöser Art gerade darum gewählt sein, um die Rechte der Kirche in unpolitischer Weise öffentlich zu vertreten." Wie dem auch sei, leider ist diese Aktion gelegentlich politisch mißbraucht worden, u.a. vom belgischen Episkopat gegen die nationalistischen Bestrebungen flämischer Studenten katholischer Observanz. – Vgl. u.a. den zeitgenössischen Aufsatz des Sozialisten August *Erdmann,* „Katholische Aktion", in: Die Gesellschaft, 6. Jg. Nr. 1, Januar 1929, S. 30 - 43 (er

enthält eine schöne Charakteristik von K. Neundörfer [Br 4 FN 9] und vor allem die Monographie von Angelika *Steinmaus-Pollak,* Das als Katholische Aktion organisierte Laienapostolat. Geschichte seiner Theorie und seiner kirchenrechtlichen Praxis in Deutschland, Würzburg: Echter, 1988, 460 S., Nr. 4 in der Reihe ‚Forschungen zur Kirchenrechtswissenschaft'.

⁹ a) Über C. S.s Verhältnis zum Judentum gibt es mehrere Erklärungsmodelle. Die (vorläufig?) letzte Deutung stammt von Günter *Meuter* (geb. 1950), „Blut oder Boden? Anmerkungen zu Carl Schmitts Antisemitismus", in: Deutsche Vierteljahrsschrift für Literaturwissenschaft und Geistesgeschichte, 70. Jg. Nr. 2, Juni 1996, S. 227 - 255; dort S. 227 das Ergebnis der Untersuchung: „Carl Schmitts Verhältnis den Juden gegenüber ist im Kern zu keiner Zeit von einem rassenbiologischen Antisemitismus bestimmt. Vielmehr kommt darin der private Mythos eines katholischen Laien zum Ausdruck, der den Juden die Verneinung des Raumes anlastet und sie so in ihrer nihilistischen Bodenlosigkeit zum antichristlichen Handlanger des Bösen erklärt." – Vielleicht wirft die in Aussicht gestellte Essener Dissertation von R. Gross [Anlage A: 1. Brief FN 10] (Doktorvater: Professor Dan *Diner* [geb. 1946]) ein neues Licht auf das Thema. *Gross* hat sich übrigens bereits dazu geäußert: „Carl Schmitts ‚Nomos' und die ‚Juden'", in: Merkur, 47. Jg. Nr. 5, Mai 1993, S. 410 - 420.

b) Interessanterweise schrieb mir W. B. unter dem 27. Februar 1972: „Damals [um 1925 herum] war jedenfalls Carl Schmitt kein Antisemit."

c) Wie bereits hervorgehoben, hat W. B. in seiner Vaterstadt keinen Antisemitismus zu spüren bekommen [Einleitung FN 4 Punkt a)]. Bezeichnend für seine nicht-antisemitischen Gefühle ist z.B. seine Ablehnung des (mit kirchlicher Druckgenehmigung erschienenen) Buches von Kurt *Ziesché* (1876 - ?) „Das Königtum Christi in Europa" (Regensburg: Manz, 1926, VIII - 126 S.), der antisemitischen Positionen des Breslauer Theologen wegen: „Kritische Nachbemerkung zum Buche Zieschés", in: Abendland [Einleitung FN 7 Punkt a)], 2. Jg. Nr. 8, Mai 1927, S. 242 - 243 (eine Art Ergänzung des vorangehenden Referats von Hermann *Port,* „Kurt Ziesché: Das Königtum Christi in Europa", S. 240 - 242). Über Zieschés Buch, vgl. auch Kl. Breuning [Br 2 FN 3], S. 104 - 105; Th. Ruster, op. cit. [Br 2 FN 3], S. 125 - 127; vor allem H. Greive, op. cit. [Br 5 FN 1], S. 103 - 106, 116 - 118 und 254 - 255.

° **9** (m)

Marburg, Bahnhofstr. 12a
Den 3. Dezember 1934

Sehr verehrter Herr Professor!

Nun habe ich Ihnen noch immer für die so freundliche Übersendung Ihrer Schrift über das Rechtswissenschaftliche Denken[1] meinen herzlichen Dank zu sagen. Die Abhandlung hat mich besonders als Ergänzung zu Ihrem „Begriff des Politischen" sehr interessiert. Ich hätte in meiner Hobbesarbeit das Nominalistische an ihm stärker herausarbeiten sollen, ein Thema, worüber ich mich übrigens im September in Meudon mit Pierre *Linn*[2] unterhalten habe. Der ordo-Begriff zeigt wieder seine Bedeutung.

Für heute wollte ich Sie nur bitten, mir das Buch von *Lubienski*[3] gelegentlich wieder hierher zurückzuschicken. Der Verfasser will immer noch eine Besprechung von mir haben – eine unangenehme Aufgabe, weil es doch ziemlich ahnungslos ist[4].

Möglicherweise komme ich in der nächsten Zeit wieder einmal nach Berlin. Ich muß nämlich beim Ministerium versuchen, über mein Kolleg eine günstige Entscheidung herbeizuführen. Ich lese seit zwei Semestern, aber ohne im Vorlesungsverzeichnis zu stehen. Hörer habe ich genug, und mit den Dozenten, auch mit ihrer Führung, stehe ich in gutem Einvernehmen. M. W. handelt es sich bei mir aber um den einzigen Fall, wo ein Theologe sich ohne Stützung auf die vergangene parlamentarische Position des deutschen Katholizismus in dieser Weise an einer reformatorischen Universität durchgesetzt hat. Also wird es nicht leicht sein, das anerkannt zu erhalten.

Meinen Sie, daß sich bei geeigneter Fürsprache (z. B. durch den stellvertretenden Rektor, *Wehrle*,[5] von hier, der Ende Dezember nach Berlin fährt) sich auch schriftlich etwas erreichen läßt, oder daß man die teuere Reise machen soll?

62   Die Briefe

Mit herzlicher Empfehlung, auch an Ihre Frau Gemahlin, in Verehrung Ihr ergebener

(s)

---

¹ C. S., Über die drei Arten des rechtswissenschaftlichen Denkens, Berlin: Duncker & Humblot, (1934) 1993, 55 S.

² a) Der dem Meudon-Kreis um den neo-thomistischen Philosophen Jacques *Maritain* (1882 - 1973) zuzurechnende Pariser Bankier Pierre *Linn* (1897 - 1966) hat ein Buch von C. S. teilweise übersetzt: Romantisme politique, Paris: Valois, 1928, 165 S., in der ‚Bibliothèque française de philosophie'. Vgl. P. Tommissen (Hrsg.), op. cit. [Br 4 FN 2 Punkt a)], S. 134 und S. 136 FN 10 und 11.

b) Über Maritain, vgl. Br 29 FN 15 Punkt b), sowie Peter *Nickl*, Jacques Maritain; Eine Einführung in Leben und Werk, Paderborn: Schöningh, 1992, 176 S., und den Aufsatz von H. *Hürten* [Br 19 FN 5 Punkt a)], art. cit. [Anlage A, 1. Brief FN 2]. Über Maritains Beziehungen zu C. S., vgl. P. Tommissen (Hrsg.), Schmittiana V, Berlin: Duncker & Humblot, 1996, 323 S.; dort S. 210 - 213.

³ Zbigniew *Lubienski*, Die Grundlagen des ethisch-politischen Systems von Hobbes, München: Reinhardt, 1932, 302 S. Gleichzeitig erschien eine englische Übersetzung. Vgl. auch Anlage A, 2. Brief. – Laut Auskunft von Frau Dr. Agnes *Rozsnyói* (Brief vom 20. März 1997) soll dieser Forscher 1910 geboren, 1977 gestorben sein.

⁴ W. B. hat diese Rezension nicht geschrieben.

⁵ Emil *Wehrle* (1891 - 1962), seines Zeichens Jurist, war ab April 1934 2. Stellvertreter des Rektors und 1934 - 35 Dekan der Juristischen Fakultät der Universität Marburg. 1936 nahm er einen Ruf auf den Lehrstuhl für Sozialverwaltung am Institut für Wirtschafts- und Sozialgeschichte der Universität Frankfurt a. M. an.

Die Briefe 63

° 10 (h)

z. Zt. M. Gladbach, Rheydterstr. 30
den 10. Okt. 1935.

Sehr verehrter Herr Professor!

Geht das denn an, daß man einen Bischof einfach nach Moabit überführt[1]? Wegen eines Vergehens, das nach der Meinung des Volkes nicht ohne weiteres ehrenrührig war? Einen Bischof, der ein Verbrecher ist, kann man und müßte man aus der Gemeinschaft von Priestertum und Christentum ausschließen und aburteilen. Daß sich eine falsche Verflechtung in das liberal-kapitalistische Getriebe und ein mangelndes Staatsbewußtsein an führenden Männern des kirchlichen Lebens mit grausamer Härte rächen mußte, ist geschichtlich notwendig und darum einen Augenblick recht gewesen. Aber macht sich dann die deutsche Rechtspflege klar, was ein Bischof für das katholische Volk ist? Wir waren in Deutschland an dem glücklichen Punkt, wo echter Selbsterhaltungstrieb unseres Volkes, der Wille zu Bindung und Autorität alle Auflösungstendenzen überwog. Es darf für die Träger solcher geschichtlichen Kräfte auch nicht den Anschein entstehen als daß sie von der deutschen Revolution ausgeschlossen seien.

Sie spüren es wohl aus vielen Zeichen, wie sehr die Sorge um unser Volk in diesen Tagen und Nächten zum Albdruck wird. Ich schreibe Ihnen im schnellen, kaum überlegten Entschluß.

Mit den besten Grüßen
Ihr sehr ergebener

(s)

Selbstverständlich liegt mir fern, mit dem Kardinal von Breslau[2] zu meinen, daß die abgeurteilten Devisenverbrechen „nicht so schlimm" seien. Es gibt nur einen Punkt, wo ein machtloses Volksteil anfängt zu empfinden, daß Klassenjustiz gegen ihn geübt würde – ganz abgesehen von der Frage, ob ein solches Empfinden berechtigt ist oder nicht. Und ein solches gemeinsames Gefühl schafft ein neues Kollektivbewußsein, das mich aufs höchste beunruhigt.

---

¹ Petrus *Legge* (1882 - 1951), ein gebürtiger Westfale, erhielt 1907 die Priesterweihe, war 1911 - 24 Studentenseelsorger in Halle/Saale und 1932 - 51 Bischof von Meißen. Er wurde im Frühjahr 1935 in die von den Nationalsozialisten gegen die Katholische Kirche durchgeführten Devisenverfahren einbezogen, Anfang Oktober 1935 verhaftet und kurz nachher wegen angeblicher Fahrlässigkeit zu einer hohen Geldstrafe verurteilt. J. Pieper zufolge (op. cit. [Einleitung FN 14 Punkt e)]) hatte diese Geschichte für Legge traumatische Folgen, zumal er vom Päpstlichen Nuntius im Stich gelassen wurde. Vgl. über diesen Bischof Siegfried *Seifert,* S. 440 - 441 in: Erwin *Gatz* (Hrsg.), Die Bischöfe der deutschsprachigen Länder 1785/1803 bis 1945. Ein biographisches Lexikon, Berlin: Duncker & Humblot, 1983, XIX - 911 S. — Der Devisenprozeß gegen Legge fand unter starker Beteiligung der internationalen Presse statt; vgl. u.a. die Berichte in der „Neuen Zürcher Zeitung", 156. Jg., November 1935.

² Adolf Johannes *Bertram* (1859 - 1945), seit 1914 Fürstbischof von Breslau, 1916 zum Kardinal erhoben und seit 1919 Vorsitzender der Fuldaer Bischofskonferenz, entpuppte sich allerdings später als vehementer Gegner des nationalsozialistischen Kirchenkampfs.

° 11 (h)

3. San. Ers. Abt. 4   den 26. Febr. 1944
Leipzig N 22
Hallische Str. 148

Sehr verehrter Herr Professor!

Darf ich Ihnen heute, nach so langem, scheinbar hartnäckigen Schweigen, einen Gruß senden? Wenn ich nicht seit Ende November eingezogen wäre, wäre ich einmal bei Ihnen aufgetaucht, um mich zu erkundigen, wie Sie und die Ihrigen die Angriffe überstanden haben. So sind mir aber die Hände gebunden, nicht einmal den Leipziger Studenten, die am 4. Dez.

Die Briefe 65

oder jetzt am 20. Febr. ausgebombt waren, konnte ich zur Seite sein. Opernhaus und Kirche in der Karl-Heine-Straße sind auch diesmal fast unversehrt geblieben, obschon die großen Werke in der nächsten Umgebung weithin zerstört sind. Die Propstei-Kirche dagegen am Neuen Rathaus, ist völlig zerstört (wie ja auch jetzt das Gewandhaus). Sonntags sind jetzt in der Thomaskirche 2 kath. Gottesdienste – ein Zeichen einer neuen Situation.

Im Sommer haben meine Eltern und Geschwister alle ihre Häuser eingebüßt, auch die beiden Fabriken. Der Aachener Dom, in dem ich geweiht wurde, und das Münster in Gladbach sind ja auch hin. Mein Bruder Curt, der ja einer der Direktoren der Ostfaser ist, wohnt zuerst in der Thielallee 99 bei seinem Schwager ORR Alfred *Hartmann*, nicht weit von Ihnen, denke ich. Vielleicht kann ich auch von ihm erfahren, wie es Ihnen erging.

Einige Zeit vor der Einberufung hatte ich wieder mehr wissenschaftlich gearbeitet. Ich hatte die Idee, mit meiner Newman-Arbeit (unter anthropologischem Gesichtspunkt) bei *Steinbüchel*[1] und Adam den Dr. theol. zu bauen. Das ist nun aus. Aber es werden sich ja sowieso in den nächsten Monaten andere Existenznöte vordrängen.

Irgendwo in meinem Schreibtisch liegt noch ein Briefentwurf für Sie. Aber vielleicht darf ich Ihnen heute nichts als diesen Gruß senden, in der Hoffnung und mit dem Wunsch, daß es Ihnen trotz allem, was wir erleben, gut geht.

Mit herzlicher Empfehlung, auch an Ihre verehrte Frau Gemahlin

Ihr alter

(s)

---

[1] Der in Gießen lehrende Philosoph und Theologe Theodor *Steinbüchel* (1888 - 1949) hat sich, obzwar er Priester war, den religiösen Sozialisten angenähert, indem er sich von Eduard *Bernsteins* (1850 - 1932) Revisionismus viel versprach: „[ihm] schwebte ein katholisch entschärfter Katholizismus vor, in dem es keinen Klassenkampf und keine Enteignung des Privateigentums zu geben bräuchte", schreibt

Th. Ruster, op. cit. [Br 2 FN 3], S. 140. In diesem Zusammenhang sei hingewiesen auf Steinbüchels Studie „Ferdinand *Lassalle*, der Mensch, der Politiker, der Philosoph", in: Hochland, 20. Jg. Nr. 11 und 12, August und September 1923, S. 468 - 484 bzw. 634 - 649. – Vgl. auch Br 4 FN 3.

° **12 (h)**

Leipzig W 53, Pfingsten 1948
Karl-Heine-Str. 110

Verehrter, lieber Herr Professor!

Ob Sie mich nach so langem, hartnäckigem Schweigen überhaupt noch annehmen, wenn ich heute, zu dieser festlichen Abendstunde am Pfingsttag, zu Ihnen komme? Ich habe da so viele Versäumnisse gerade den nächsten Freunden und den verehrtesten Lehrern gegenüber zu beklagen – in diesen Tagen dachte ich sehr daran, als ich die beiliegende Predigt für den Rundfunk vorbereitete. Ich bin sicher, daß auch Ihnen die Wirklichkeit des Heiligen Geistes vieles und Entscheidendes bedeutet, vielleicht sogar ganz ähnlich wie P. *Delp*[1] in seiner Zelle, dem Freund des Grafen *Moltke*[2], dessen Aufzeichnungen der Predigt zugrunde liegen. Jedenfalls freue ich mich, daß nun die Zeit des Eingeschränktseins hinter Ihnen liegt. Und es ist mir ein erfreuender Gedanke, Sie im Sauerland zu wissen. Meine Eltern haben ja jetzt in Niedermarsberg ihre Zuflucht gefunden (Österstr. 22). Ich hoffe, im August bei ihnen zu sein, und vielleicht auch zu Ihnen zu kommen.

Es gibt ja so vieles zu erzählen. Es fehlt ja hier in der Zone nicht am Ansporn zur Arbeit – gerade weil man nicht weiß, wie lange man noch zu den Privilegierten gehört, die sich sattessen dürfen, da man die Care-Pakete hereinläßt. Noch lassen sich auch die Studenten nicht entmutigen, trotzdem ihnen

Die Briefe 67

gerade jetzt die Stipendien gesperrt werden. Es fällt mir schwer, mich vor den Studenten hinter die Bücher zu verschanzen – aber in den Osterferien bin ich konsequent bei meinem Newman[3] geblieben. Allmählich erscheinen einige Newmanarbeiten von mir, die Früchte meiner Arbeit im Frühjahr 1946 in München – es geht alles so langsam. Bei Kösel-Hegner kommen jetzt die Newman-Übersetzungen heraus, die ich aus dem Nachlaß Theodor *Haeckers*[4] bearbeitet habe[5]. Aber ich möchte einmal in einer größeren Arbeit zeigen, was das Neue an Newmans Konzeption des realise ist, seine christliche Verantwortung für die ganze, auf neue, reflektierte Weise erfahrene Wirklichkeit.

Ich will sogar den Versuch machen, mich mit dieser Arbeit hier zu habilitieren. Die Anregung dazu ging von Erzbischof *Jäger*[6] aus, der für Halle sogar eine fertige Professur für mittelalterliche Philosophie erreicht hat. In Leipzig möchte ich mit einem kleinen Lehrauftrag mich bescheiden ansiedeln, ähnlich wie damals in Marburg.

Ist nun Ihre Tochter Anima bei Ihnen? Daß ich Ihre Frau Gemahlin damals in Berlin in so entscheidungsvollen Tagen sehen durfte, steht immer hell in meiner Erinnerung.

Seien Sie beiden sehr herzlich gegrüßt
von Ihrem getreuen

(s)

---

[1] Der Heidegger-Schüler Alfred *Delp* S. J. (1907 - 1945), Pfarrer in einem Münchner Vorort und 1937 - 41 Mitarbeiter der Zeitschrift „Stimmen der Zeit", wurde, seiner Mitgliedschaft des sog. Kreisauer Kreises [FN 2] wegen, hingerichtet.

[2] Rechtsanwalt Helmuth James Graf *von Moltke* (1907 - 1945) war 1939 - 44 als Sachverständiger für Kriegs- und Völkerrecht im Oberkommando der Wehrmacht beschäftigt. Seit dem Sommer 1940 animierte er den sog. Kreisauer Kreis (vgl. dazu u.a. S. 120 - 136 in Hans *Rothfels* [1891 - 1976], Die deutsche Opposition gegen Hitler. Eine Würdigung, Frankfurt a.M.: Fischer, [1947] 1958, 215 S., Nr. 198 in der ‚Fischer-Bücherei') und ist deswegen am Galgen gestorben.

[3] Der 1845 zum Katholizismus konvertierte anglikanische Vikar John Henry Newman (1801 - 1890), 1847 zum Priester geweiht, introduzierte 1848 das Oratorium [Einleitung FN 10] in England und ent-

faltete eine rege seelsorgerische, kirchenpolitische und schriftstellerische Tätigkeit. 1879 wurde er von Papst *Leo XIII.* (eig. Giacchino *Pecci;* 1810 - 1903) zum Kardinal erhoben. Newman stand auf dem Standpunkt, daß die Definition der Dogmen nicht in Frage gestellt werden darf, ihre Formulierung hingegen der Entwicklung des menschlichen Geistes angepaßt werden muß. Aufschlußreich ist seine: Selbstbiographie nach seinen Tagebüchern, Stuttgart: Schwaben-Verlag, 1959, 460 S.

⁴ a) Über das Denken des geraume Zeit mit C. S. befreundeten Konvertiten Theodor *Haecker* (1879 - 1945), Autor bedeutender Bücher (vgl. die fünfbändige Werkausgabe, München: Kösel-Verlag, 1958 - 67) und Übersetzer wichtiger Texte des dänischen Philosophen Sören *Kierkegaard* (1813 - 1855), von Newman [FN 3], u.a., vgl. Florian *Mayr,* Theodor Haecker. Eine Einführung in sein Werk, Paderborn: Schöningh, 1994, 77 S., Nr. 13 in der Reihe ‚Politik- und kommunikationswissenschaftliche Veröffentlichungen der Görres-Gesellschaft'. Mayr klammert jedoch das Problem des Antisemitismus Haeckers aus. Demgegenüber wird Haecker, seiner Übertragung eines Buches des englischen Konvertiten Hilaire *Belloc* (1870 - 1953) wegen (Die Juden, München: Kösel & Pustet, 1927, XV - 232 S.), von H. Greive getadelt: op. cit. [Br 5 FN 1], S. 106 - 107. Dem ist hinzuzufügen, daß Carl Muth (1867 - 1944; vgl. Br 6 FN 4) C. S. für seine Zeitschrift „Hochland" einen Aufsatz über Bellocs Judenbuch erbat, C. S. in seinem zweiseitigen Brief vom 23. Dezember 1927 jedoch dargelegt hat, daß er den Aufsatz nicht übernehmen könne, obschon „das Thema des vorgeschlagenen Aufsatzes mich [sc. C. S.] sehr beschäftigt, einige frappante Stellen in Belloc's Buch mich besonders interessieren" und er sich deswegen schon lange mit der Idee getragen habe, an Haecker oder an Belloc zu schreiben. Merkwürdigerweise hat sich Haecker persönlich zu den Thesen Bellocs geäußert: „Zur europäischen Judenfrage", in: Hochland, 24. Jg. Nr. 12, September 1927, S. 607 - 619. – Über Belloc, der 150 Bücher schrieb, vgl. u.a. die aus dem Englischen übersetzte Studie von Alexandre *Dru de Mongelaz* (1904 - 1977), „Hilaire Belloc", in: Hochland, 53. Jg. Nr. 3, Februar 1961, S. 249 - 258.

b) Nebenbei sei erwähnt, daß W. B. sich eingehend mit Haecker befaßt in seinem Artikel „Der Übertritt von Kierkegaard zu Newman in der Lebensentscheidung Theodor Haeckers", in: Newman-Studien [Br 13 FN 3], Nr. 1, 1948, S. 251 - 270.

c) Zum Thema Muth-C. S. vgl. den von mir annotierten und hrsg. „Briefwechsel zwischen Carl Muth und Carl Schmitt", in: Politisches Denken. Jahrbuch 1998, Stuttgart/Weimar: Metzler (angezeigt).

⁵ Matthias *Laros* (1882 - 1965) und W. B. gaben eine verbesserte Edition einer älteren Ausgabe ausgewählter Werke Newmans heraus, Mainz: Matthias-Grünewald-Verlag, 8 Bände, 1957 - 69, wo 1975 ein

Registerband (Newman-Lexikon) hinzugekommen ist. – Laros promovierte 1913 beim Kirchenhistoriker Sebastian *Merkle* (1862 - 1945), war jahrelang Pfarrer in der Nähe von Koblenz, denn der Trierer Bischof Michael Felix *Korum* (1840 - 1921) verwehrte ihm die Annahme eines Rufs der Universität Straßburg; er schrieb u. a.: Kardinal Newman. Seine religiöse Persönlichkeit, Mainz: Grünewald, 1920, VII - 104 S. Vgl. über diesen bedeutenden Priester u. a. Victor *Conzemius* (geb. 1929), Propheten und Vorläufer. Wegbereiter des neuzeitlichen Katholizismus, Zürich/Köln: Benziger Verlag, 1972, 323 S.; dort S. 193 - 205: „Matthias Laros. Erneuerung als Ruf in die Einheit".

[6] Lorenz *Jäger* (1892 - 1975), 1922 zum Priester geweiht, war 1939 - 41 Feldgeistlicher und 1941 - 73 Erzbischof von Paderborn; er wurde 1965 zum Kardinal erhoben.

13 (m)

Leipzig W 33, am 19.12.1957
Karl-Heine-Straße 110
Fernruf 42905

Verehrter lieber Herr Professor!

Schon jahrelang liegt mein hartnäckiges Schweigen trennend zwischen uns, und es gab doch keine Zeit, in der ich Sie und meine Dankesschuld Ihnen gegenüber vergessen hätte.

Als mein Büchlein erschien, das ich mir gleichsam (wie Sie damals) „selbst zum 50. Geburtstag geschenkt" hatte[1], wollte ich es Ihnen nicht ohne ein ausführliches Schreiben zuschikken[2]. Auch jetzt, unter der Arbeitslast der Weihnachtsvorbereitungen, kann ich Ihnen keinen richtigen Brief schreiben. Schon öfter hatte ich die Gelegenheit, Ihnen einen Gruß zu übermitteln, zuletzt durch Ihren jungen Freund Dr. *Nyssen*, so daß Sie wissen, daß ich immer noch in meiner Leipziger Arbeit stecke. Mit den Studenten habe ich guten Kontakt, auch mit den Theologen, den ich an der Erfurter Akademie Gastvorlesungen halte. Was ich auf längere Sicht erstrebe, ist ein Lehrauftrag über Kontroverstheologie in Erfurt. Mein Buch über die christliche Existenz bei Newman ist immer noch nicht erschienen, wohl kleinere Newman-Arbeiten in den drei Bänden der Newman-Studien[3] etc. Ich freue mich, auch Ihren Namen unter den Mitarbeitern der Festgabe für Professor *Lortz*[4] zu sehen.

Wenn die derzeitigen Reisebeschränkungen aufgehoben werden, hoffe ich, noch öfters ins Rheinland zu kommen, wo meine Eltern in alter Frische leben. Es müßte gelingen, endlich einmal auch einen Besuch bei Ihnen zu machen.

In diesem Jahre war ich sogar in Rom – seit 34 Jahren zum 1. Mal. Ich freute mich, die alte Verbindung mit Erik Peterson wieder aufzunehmen. Es sind richtige Schätze in seinen Tagebüchern enthalten, aus denen er mir vorlas. Eine seiner Töchter war bei meinen Verwandten in Godesberg zu Gast. Wie geht es denn Ihrer Tochter Anima? So hätte ich noch viele Fragen, aber ich muß schließen.

Vielleicht macht sich mein Büchlein auch ganz gut auf dem Weihnachtstisch Ihrer Tochter – oder Sie wissen sonst einen Interessenten dafür.

Mit allen guten Wünschen für ein frohes, gesegnetes Weihnachtsfest

Ihr getreuer

(s)

---

[1] Vgl. z. B. P. Tommissen, op. cit. [Br 4 FN 2), S. 140.

[2] W. B., Die Wirklichkeit der Kirche und das Ärgernis, Leipzig: St. Benno-Verlag, 1957, 114 S. Dieser von J. Gülden [Einleitung FN 1 Punkt b)] eingeleitete (S. 7 - 12) Band enthält vier Aufsätze von W. B., darunter: art. cit. [Br 4 FN 6 Punkt b)].

[3] W. B. und H. Fries [Einleitung FN 1] gaben 1948 - 80 die Zeitschrift „Newman-Studien" heraus (11. Jg.), die seit 1988 unter dem geänderten Titel „Internationale Cardinal-Newman-Studien" als Schriftenreihe fortgesetzt wird (4 Bände in der Periode 1988 - 96).

[4] a) W. B., „Ökumenische Aspekte der Katholizität John Henry Newmans", S. 481 - 505 in Erwin *Iserloh* und Peter *Manns* (Hrsg.), Festgabe Joseph *Lortz*, Baden-Baden: Grimm, 1958, Bd 1 = 586 S.

b) C. S. hat für diese Festschrift keinen Beitrag eingereicht. Er war aber befreundet mit Joseph Lortz (1887 - 1975); Platzmangels wegen wurde seine von den Amerikanern zurückerstattete Bibliothek in dessen ‚Institut für europäische Geschichte' in Mainz aufgestellt, jedoch 1957 verkauft.

c) Lesenswert ist der autobiographische Vortrag von Lortz, Mein Umweg zur Geschichte, Wiesbaden: Steiner, 1960, 45 S. Vgl. ferner die Monographie von Gabriele *Lautenschläger,* Joseph Lortz (1887 - 1975). Weg, Umwelt und Werk eines katholischen Kirchenhistorikers, Würzburg: Echter Verlag, 1987, 567 S., Nr. 1 in der Reihe ‚Studien zur Kirchengeschichte der Neuesten Zeit'.

14 (h)

z. Zt Schmiedeberg/Erzgeb.
den 4. November 1961.
Leipzig
Karl Heine Str. 110

Verehrter, lieber Herr Professor,

da ich oft an Sie denke, muß ich das doch besonders an Ihrem Namenstag tun, und so habe ich heute morgen die heilige Messe für Sie dargebracht. Da mußte ich allerdings zugleich meine Schuld in Gottes Hände legen, daß ich Sie nun wieder durch ein jahrelanges Schweigen gekränkt habe. Sie hatten mir Anfang 1958 so herzlich geschrieben, ich kündigte Ihnen daraufhin die Zusendung eines kleinen Newmanbändchens an, ohne dann Wort zu halten, und Sie bleiben ganz ohne Nachricht von mir. Ich hatte mir vorgenommen, Sie zu besuchen. Aber ich bekam keinen Paß nach Plettenberg, und die vorigen Reisen, die ich zu meinen Eltern nach M. Gladbach oder in irgendeinem Dienstauftrag machen konnte, wurden immer kürzer befristet.

So möchte ich wenigstens heute fragen, wie es Ihnen geht und Ihnen in Kürze von mir berichten. Dr. Nyssen[1] konnte ich hin und wieder einmal nach Ihnen fragen, und von ihm wissen Sie wohl auch, daß ich noch lebe und in einem lebendigen Kreis von jungen, mir anvertrauten Menschen stehe.

Inzwischen bin ich als Consultor in das Sekretariat für die Einheit der Christen berufen worden, eine Aufgabe, die wohl das Konzil überdauern wird. Sie paßt auch mit meinem Lehrauftrag für Konfessionskunde des Protestantismus zusammen, den ich in Erfurt mit Freude wahrnehme. Im Juni war ich in Rom, und es ist mir gelungen, auch für Ende November einen Paß zu erlangen, mit vorgeschriebener Reiseroute: Prag – Wien – Rom. Das ist wie ein Wunder bei der Eingeschränktheit unseres Daseins. Im Juni habe ich bei Familie Peterson gewohnt. Prof. *Höfer*[2] und wohl auch Prof. *Klauser*[3] kümmern sich etwas um die Hinterbliebenen. Ein anderes seltsames Zusammentreffen hat mir viel zu denken gegeben: Ich geriet bei meinem vielleicht letzten Besuch in Berlin in die Vorlesung, die Ihr alter Gegenspieler Hans *Kelsen* zu seiner Ehrenpromotion hielt, über (also gegen) das Naturrecht[4]! Kennen Sie einen Herrn *Dombois*[5] und seine Anschauung vom Naturrecht? Ich habe mich einmal in einer Erfurter Gastvorlesung damit auseinandergesetzt.

Jetzt muß ich aber zuerst und schleunigst an den Artikel „Newman" für das Lexikon für Theologie und Kirche herangehen[6]. Mein Newmanbuch war 1952 schon mal „fertig", aber es gefiel mir nicht, und der Verleger hat mir das MS auf meinen Wunsch wieder zurückgeschickt. Jetzt habe ich gerade die Studentenseelsorge abgegeben, um für die Arbeit für das Konzil und etwas später für Newman frei zu sein.

Wir sind 10 Priester im hiesigen Oratorium und vertragen uns gut, besonders in der neuen Situation der Autarkie.

Im Augenblick bin ich hier im Erzgebirge mit einem Kreis von Lehrern mit dem Thema „Una Sancta". Ich bin auch nach wie vor Spezialist für gesellige Abende im festen Kreis. Es geht ja immer darum, Menschen zu beheimaten mitten im Wechsel der Welt.

An den Freuden und Leiden der alt verstreuten Menschen, die in der andern Hälfte des Erdballs wohnen, teilzunehmen, wird leider immer schwieriger für mich.

Wie geht es denn Ihrer Tochter?

Seien Sie herzlich gegrüßt.

In Dankbarkeit, Ihr (s)

---

[1] Monsignore Wilhelm *Nyssen* (1925 - 1994), als Studentenseelsorger in Köln tätig, hat verschiedene Publikationen des von C. S. geförderten katholischen Dichters Konrad *Weiß* (1880 - 1940) neu herausgegeben und sich als Ikonen-Kenner einen Namen gemacht. Er war mit C. S. befreundet.

[2] a) Josef *Höfer* (1896 - 1976) war ab 1954 Botschaftsrat an der Deutschen Botschaft beim Hl. Stuhl; er gab mit Karl *Rahner* S. J. (1904 - 1984), dem Mitbegründer der Zeitschrift „Concilium", die 2. Auflage des „Lexikons für Theologie und Kirche" heraus.
b) Über Rahners Ansichten, vgl. Ulrich *Möbs*, Das kirchliche Amt bei Karl Rahner. Eine Untersuchung der Amtsstufen und ihrer Ausgestaltung, Paderborn: Schöningh, 1992, 295 S., Nr. 24 in der Reihe ‚Beiträge zur ökumenischen Theologie'.

[3] Der katholische Kirchenhistoriker Theodor *Klauser* (1894 - 1984) lehrte 1937 - 61 in Bonn, wo er den Lehrstuhl von Franz Joseph *Dölger* (1879 - 1940) innehatte; er gab seit 1941 das „Reallexikon für Antike und Christentum" heraus.

[4] a) Unter dem Rektorat von Professor Eduard *Neumann* (1903 - 1985), einem Philologen, wurde *Kelsen* durch den Dekan der Philosophischen Fakultät der Freien Universität Berlin, Professor Ernst *Fränkel* (1898 - 1975), einem Politologen, am 20. Juli 1961 die Würde eines Dr. h. c. verliehen. Kelsens Vortrag „Naturrechtslehre und Rechtspositivismus" wurde veröffentlicht in: Politische Vierteljahrsschrift, 3. Jg., 1962, S. 316 - 327 (S. 327 - 331 ergänzt um den Diskussionsbeitrag „Bemerkungen zur Frage nach dem Naturrecht" des Politologen Otto Heinrich *von der Gablentz* [1898 - 1972]. Die Berliner Lokalpresse und „Die Welt" widmeten der Ehrenpromotion einen Kurzbericht. – Kelsens Vortrag in der Sitzung der ‚Wiener Juristischen Gesellschaft' vom 6. Juni 1962 handelte über das gleiche Thema; er wurde auszugsweise abgedruckt in: Österreichische Juristenzeitung, 17. Jg. Nr. 24, 1962, S. 655 - 658.
b) Es darf angenommen werden, daß W. B. vertraut war mit der überarbeiteten Fassung des Vortrags, den der österreichische Staatsrechtler Hans Kelsen (1881 - 1973), der ‚Vater' der einflußreichen ‚reinen Rechtslehre', am 1. Februar 1928 in der Berliner Ortsgruppe

der Kant-Gesellschaft gehalten hat: Die philosophischen Grundlagen der Naturrechtslehre und des Rechtspositivismus, Berlin-Charlottenburg: Pan-Verlag Rolf Heise, 1928, 78 S., Nr. 31 in der Reihe ‚Philosophische Vorträge'.

c) Kelsens Verhältnis zum Naturrecht ist öfter untersucht worden. Interessant ist z.B. die Konfrontation des katholischen Staatsrechtlers René *Marcic* (1919 - 1971) und des sozialistischen Publizisten Norbert *Leser* (geb. 1933) in: Forum (Wien), 9. Jg., Nr. 107, November 1962, S. 445 - 447 bzw. 447 - 450.

d) Die Literatur über die persönlichen Kontakte und über die sachlichen Differenzen zwischen C. S. und Kelsen ist sehr umfangreich, so daß ich nur aufmerksam mache auf F. Golczewski, op. cit. [Br 7 FN 1] und auf die Berner Dissertation (Doktorvater: Professor Peter *Saladin* [geb. 1935]) von Michael W. *Hebeisen* (geb. 1965), Souveränität in Frage gestellt. Die Souveränitätslehren von Hans Kelsen, Carl Schmitt und Hermann Heller im Vergleich, Baden-Baden: Nomos Verlagsgesellschaft, 1995, 679 S. Neuerdings ist versucht worden, zu zeigen, daß C. S. Kelsen mißverstanden hat und warum das geschehen konnte; vgl. Panajotis *Kondylis* (geb. 1943), „Jurisprudenz, Ausnahmezustand und Entscheidung. Grundsätzliche Bemerkungen zu Carl Schmitts ‚Politische Theologie'", in: Der Staat, 34. Jg. Nr. 3, 1995, S. 325 - 357 (dort S. 335 - 338).

[5] Hans Adolf *Dombois* (geb. 1907) war Mitarbeiter der Evangelischen Studiengemeinschaft Heidelberg, später Staatsanwalt. Er befaßte sich mit Friedensforschung und veröffentlichte das Büchlein: Strukturelle Staatslehre, Berlin: Duncker & Humblot, 1952, 91 S.

[6] W. B., „Newman", in: Lexikon für Theologie und Kirche, Bd 7 = 1962, Sp. 932 - 936. Der Newmanartikel der älteren Edition des Lexikons (1935, Sp. 533) stammte von Matthias Laros [Br 12 FN 5].

15 (h)

Lieber Herr Professor Schmitt,

gerade finde ich einen Brief aus alter Zeit. Ich habe in Rom 14 Tage bei Familie Peterson gewohnt. Seine Bibliothek ist nach Turin verkauft[1]. In Rom wurde mir vieles Vergangenes lebendig, oft durch überraschende Begegnungen. Für Ihre letz-

Die Briefe 75

ten Briefe, die ich jetzt wieder gelesen habe, danke ich Ihnen noch einmal herzlich. Ich habe Ihnen ja so vieles zu danken!

Zum Neuen Jahr die herzlichsten Wünsche!

Ihr alter

(s)

3.1.1964

---

[1] Die ‚Biblioteca Erik Peterson' befindet sich jetzt in der Universität in Turin.

16 (h)

Leipzig W 31
Karl-Heine-Str. 110
den 2. Juli 1964

Lieber Herr Professor Schmitt,

Briefe sind für mich ein besonders schlechter Ersatz für längst fällige persönliche Begegnung, und ich will auch heute abend lieber gar nichts von dem niederschreiben, was mich bewegt, wenn ich an Sie und an die alten gemeinsamen Zeiten denke. Ich möchte mich nur, etwas zaghaft, bei Ihnen bedanken, daß Sie mich durch Ihre Gaben zu meinem (künstlich hochgespielten) 60. Geburtstag an Ihrem Leben und Denken teilnehmen ließen[1]. Auch Ihre Arbeit über den Partisanen habe ich gelesen, die mir Herr *Böckenförde* gab[2]. Ich bin sehr beglückt über das alles und möchte gerne Treue um Treue zurückgeben.

Der 87jährige Professor Hermann *Hoffmann* (früher Breslau)[3] hat in seiner Rede zur Festakademie, bei der auch aus Ihrem Brief vorgelesen wurde, *Homer* und *Horaz* zitiert, um den zugleich als vir pertinax zu charakterisieren. Er bezog das ausdrücklich auf meine (unglückliche) Liebe zur Wissenschaft. Sie fragen, ob mich die alten Probleme noch interessieren? In Erfurt, wo ich das Fach Konfessionskunde des Protestantismus zu vertreten habe, hielt ich 2× eine Gastvorlesung über das Naturrecht in der interkonfesssionellen Auseinandersetzung. In Rom bin ich zusammen mit Professor *Davau*, dem Verfasser von „Pacem in Terris"[4] und dem Moraltheologen Prof. *Fuchs* S. J.[5] in der Unterkommission über die Glaubensfreiheit. Die Problematik des Begriffs „Gemeinwohl" ist uns da aufgegangen (quis judicabit?) – das Kriterium für Würde und damit Freiheit einer Religion und Religionsgemeinschaft muß in ihr selber liegen: nur Entartungsformen von Religion verwirken das Recht auf staatlichen Schutz. Soll das Konzil den Menschen von seiner Würde her definieren oder von seiner Berufung durch Gott?

Im September hoffe ich über Salzburg nach Rom zu reisen – die Belastung, Gast aus einer andern Welt zu sein, nehme ich mit.

Und nun bitte ich Sie, mich zu segnen – schon damit Sie nicht die Frage wiederholen, ob auch ein Laie segnen könne – und ich tue das Gleiche morgen früh vom Altar aus.

Mit sehr herzlichen Grüßen
in Verehrung
Ihr alter

(s)

---

[1] a) Dem Brief C. S.s vom 28. April 1964 an den evangelischen Theologen Dietrich Braun (geb. 1928) entnehme ich diese Stelle: „...Man feiert im Mai in Leipzig seinen [W. B.s] 60. Geburtstag; das war der äußere Anlaß für die Wiederentdeckung des beil. Schreibens eines 20-jährigen Studenten [sc. Br 2], der 1925 bei mir in Bonn mit einer Dissertation über Hobbes (leider nicht gedruckt) promoviert hat [Einleitung FN 4]."

b) Von Brauns Basler Dissertation vom Jahre 1960 (Doktorvater: Professor Karl Barth [Br 4 FN 8]) liegt nur der erste Teil gedruckt vor: Der sterbliche Gott oder Leviathan gegen Behemoth, Zürich: E. V. Z., 1963, XII - 261 S., Nr. 2 in der Reihe ‚Basler Studien zur historischen und systematischen Theologie'. Er ist in japanischer Sprache übersetzt (Hobbes to tei-ko-hen, Tokyo: Boku-taku-sha, 1976, 310 - XI S.) und von C. S. in einer Art Sammelrezension begutachtet worden: art. cit. [Br 2 FN 15 Punkt a)], S. 54 - 63; zur Genesis dieser Sammelrezension, vgl. Einleitung FN 16 Punkt a).

² a) C. S., Theorie des Partisanen. Zwischenbemerkung zum Begriff des Politischen, Berlin: Duncker & Humblot, (1963) 1995, 96 S.

b) Der Staatsrechtler, Hochschullehrer in Freiburg und Bundesverfassungsrichter Ernst-Wolfgang *Böckenförde* (geb. 1930) stand mit C. S. in Verbindung. Vgl. P. Tommissen (Hrsg.), op. cit. [Br 19 FN 1 Punkt b)], S. 55 FN 9. Vor kurzem hat er eine Bilanz der C. S.-Diskussion der vergangenen Jahre gezogen: „Auf dem Weg zum Klassiker. Carl Schmitt in der Diskussion: Politische Theologie als Fluchtpunkt seines Werks", in: Frankfurter Allgemeine Zeitung, Nr. 158, den 11. Juli 1997, S. 35.

³ Über Hermann *Hoffmann* (1878 - 1972), einen der ersten Quickborner [Br 2 FN 2], zunächst Religionslehrer, dann Professor in Breslau, vgl. Johannes Binkowski, op. cit. [Br 2 FN 2]. – Vgl. Br 25.

⁴ Es liegt wohl ein Schreibfehler vor, denn Pietro *Pavan* (1903 - 1995), lange Zeit Professor an der Pontificia Universitas Lateranensis und 1985 zum Kardinal erhoben, wurde von Papst Johannes XXIII. [Br 19 FN 1] mit der Abfassung der Enzyklika „Pacem in terris" (1963) beauftragt.

⁵ Josef *Fuchs* S. J. (geb. 1912), Mitarbeiter der Zeitschrift „Stimmen der Zeit", lehrte Moraltheologie an der Pontifica Universitatis Gregoriana in Rom.

17 (m)

den 4. Dez. 1964

Verehrter, lieber Herr Professor Carl Schmitt!

Vielleicht freut Sie der beiliegende Druck¹. Ich hatte ihn mit nach Rom genommen, um Ihnen von da aus ausführlich zu schreiben. Sie hatten mich ja zum Geburtstag so reich beschenkt, daß ich mich noch tiefer als sonst in Ihrer Schuld fühle.

Ich hatte aber in Rom eine seltsame Zeit: Morgens das Konzil und nachmittags die interne Arbeit mit dem Sekretariat für die Einheit der Christen. Die Fortschritte der Kirche geschehen ja immer trotz der Menschen, die beteiligt sind. Auch heute habe ich noch kein Urteil. Vielleicht bin ich genau so ängstlich wie der Papst – nur, daß ich nicht zu entscheiden brauche.

Etwas Gutes ist die neue Möglichkeit in Konzelebration. Wir haben in Rom damit angefangen, und Leipzig ist (neben den beiden Benediktinerklöstern) der einzige Ort an dem von nun an jede Woche konzelebriert werden darf: 10 Priester des Oratoriums. Die Gemeinde ist dabei. Guardini ist so alt, daß er sich über das erreichte Ziel nicht mehr richtig freuen kann, fürchte ich.

Für die Zusammenarbeit mit den Protestanten ist die Ostzone ein guter Boden. Ich möchte da jetzt meine ganze Kraft mit hineingeben.

So kann ich Ihnen heute nur einen herzlichen Dankesgruß schicken.

Wenn meine Mutter ihren 90. Geburtstag erlebt, in 4 Jahren, werde ich wohl meine erste Reise nach Westdeutschland machen können. Dann werde ich auch Sie in Plettenberg besuchen und an Ort und Stelle zusehen, ob die alte Verbindung trotz meiner vielen Versäumnisse gehalten hat.

Alle guten Wünsche zum Advent unseres gemeinsamen Herrn!

Dankbar Ihr

(s)

---

[1] Welches Buch gemeint ist, entzieht sich meiner Kenntnis.

Die Briefe 79

18 (h)

7031 Leipzig, den 23. Juli 1968

Verehrter, lieber Herr Professor Carl Schmitt,

Wie sehr haben Sie mich durch Ihren spanischen Gruß beschämt! Aber nun kann ich wenigstens einen verspäteten Glückwunsch zum 80. Geburtstag schreiben und zeitig eine heilige Messe aus diesem Anlaß feiern. Mein Nachfolger im Studentenpfarramt hat zufällig zur rechten Zeit am Radio gesessen – ich war aber nicht zu Hause als die Sendung Ihnen zu Ehren gehalten wurde[1]?

Dies Jahr habe ich noch keine Auslandsreise machen können – aber 1969 werde ich 65 Jahre und kann ins Rheinland fahren. Da wünsche ich mir ein Wiedersehen mit Ihnen. Nur weiß ich nicht, ob der Gesundheitszustand meiner Mutter mich nicht in M. Gladbach festhalten wird. Sie hat leider in ihrem 90. Jahr einen Schenkelhalsbruch davongetragen.

Kürzlich bin ich für weitere 5 Jahre in meinem Amt als Consultor im Sekretariat *Bea*[2] bestätigt worden. Als Mitarbeiterin für meine ökumenische Arbeitsstelle hier in Leipzig habe ich jetzt Frl. *v. Savigny* genommen, deren Vater Sie vielleicht gekannt haben (Fr. K. v. S.)[3]. Meine letzte größere literarische Arbeit steht im I. Erg. Bd. (Bd XI) des Lexikons für Theologie und Kirche, S. 11 - 39[4].

Ich schicke Ihnen ein Exemplar der Tetrapla[5], die den von mir 1952 revidierten Text der Bibelübersetzung Fritz *Tillmanns*[6] enthält – die erste gemeinsame NT-Ausgabe beider Konfessionen.

Es wird viel zu erzählen geben. Briefe schreiben ist leider nicht meine Sache, so lange so viel unerledigte Aufträge mich bedrängen.

Ich hoffe, Sie sind bei guter Gesundheit und voller Pläne für Ihren Lebensabend! Wie schnell die Zeit vergeht!

Seien Sie herzlich gegrüßt!
Ihr getreuer

(s)

[1] Die mir vom Deutschen Rundfunkarchiv besorgte Liste der C. S. betreffenden Tonbandaufnahmen (Sendung vom 18. August 1987) erwähnt keine Sendung im Jahre 1968, so daß ich außerstande bin, Auskunft zu erteilen.

[2] W. B. hat dem einflußreichen Kardinal Augustinus *Bea* S. J. (1881 - 1968) einen Artikel gewidmet: „Augustinus Bea, Kardinal der Einheit", in: Ökumenische Profile, Stuttgart: Evang. Missionsverlag, 1963, Bd 2 = 412 S.; dort S. 167 - 178.

[3] Ingrid *von Savigny* (geb. 1937) war eine Tochter von Friedrich Carl *von Savigny* (1903 - gefallen 1944), der bis 1943 vorwiegend in Berlin gearbeitet hat, so daß es durchaus möglich ist, daß C. S. ihn gekannt hat. Die Auskunft verdanke ich der Liebenswürdigkeit der Schwester von Ingrid *von Savigny*, Frau Gudula *von Eichborn* (Brief vom 5. Februar 1997). Von Frau Ingrid erfuhr ich inzwischen, daß sie nur für ein halbes Jahr (bis Oktober 1968) bei W. B. gearbeitet, nachher jedoch weiterhin mit ihm in Kontakt gestanden hat (Brief vom 15. Februar 1997).

[4] Decretum de Oecumenismo. Dekret über den Ökumenismus. – Lateinischer Text aus „Acta Apostolicae Sedis" 57 (1965) 90 - 112. Deutsche Übersetzung, besorgt im Auftrag der deutschen Bischöfe, genehmigte verbesserte Fassung, in: Lexikon für Theologie und Kirche, Freiburg i. Br.: Herder, Bd 11 (1. Ergänzungsband) = 1967, S. 11 - 39.

[5] Die Tetrapla ist eine von *Origines* (185 - 254) besorgte, allerdings verschollene Teilausgabe seiner monumentalen Hexapla, der wichtigen Bibel-kritischen Leistung des Altertums (etwa 6000 Blätter in 50 Bänden!). Heute versteht man darunter eine 4spaltige Ausgabe des Neuen Testaments: die Übersetzung von Martin *Luther* (1483 - 1546), die Züricher Bibel, die Übersetzung von Tilmann/Becker (katholisch) und eine englische Fassung.

[6] Fritz *Tillmann* (1874 - 1953) war zunächst Studentenseelsorger in Bonn, habilitierte sich dort 1908 und lehrte 1913 - 39 Moralphilosophie, immer noch in Bonn. Für die von ihm hrsg. „Hl. Schrift des Neuen Testaments" bearbeitete er „Das Johannesevangelium", Bonn: Hanstein, 1914, XX - 292 S. Vgl. über ihn O. Weiß, op. cit. [Br 2 FN 3], S. 330 - 332.

19 (m)

Rom, den 10. Juni 1969.

Verehrter, lieber Professor Carl Schmitt!

Ich benutze einen kurzen Aufenthalt beim Sekretariat für die Einheit der Christen in Rom, um Ihnen endlich einmal einen Brief zu schreiben. Im September hoffe ich, einen Besuch bei Ihnen machen zu können. Seit meinem 65. Geburtstag erlaubt mir die Regierung der DDR jährlich eine Reise nach Westdeutschland zu machen, und ich würde mich besonders freuen, Sie dann wiederzusehen nach so langer Zeit. Hoffentlich treffe ich Sie dann bei guter Gesundheit.

Heute möchte ich mich, kurz vor meiner Rückreise nach Leipzig, darauf beschränken, Sie zuerst einmal herzlich zu grüßen – von dieser Stadt Rom und an dem Tag, da Papst *Paul VI.*[1] den Ökumenischen Rat der Kirchen besucht. Ich kenne die Ansprache schon, die er vor 2 Stunden dort gehalten hat – ich habe am Sonntag die deutsche Übersetzung gemacht. Es sind Formulierungen darin, die viel zu denken geben und die Tragik widerspiegeln, daß ein Mann allein die ganze Verantwortung der Regierung der Kirche tragen will und jetzt aus Hemmung und Verlegenheit dem Spiegel ihm genehme Schlagzeilen liefert. Die seltsame Vorstellung am Anfang: „Ich heiße Petrus", hat der Papst erst im letzten Augenblick eingefügt, und es war keine Zeit mehr, etwa seinen Freund *Colombo*[2] zuhilfe zu rufen, damit er doch noch darauf verzichtet hätte.

Ich möchte aber auch auf den Aufsatz von Dempf im Mai/Juni-Heft des Hochland eingehen[3]. Er schildert ja unsere gemeinsame Bonner Zeit, als Erik Peterson die beiden für ihn so entscheidenden Vorträge hielt[4]. Warum hat Dempf sie gar nicht analysiert? Was heißt „in dem drohenden Kirchenkampf zwischen der neuen Orthodoxie und der liberalen Theologie" (S. 238)? In diesem Kampf, der nichts mit dem späteren Kirchenkampf zu tun hat, standen doch Barth und Peterson längst zusammen! Und zum Folgenden ist zu bedenken, daß doch Peterson und Sie Freunde waren. Man konnte doch nicht von Ihnen zu Peterson „übergehen".

In dem Abschnitt, in dem Ihr Name fällt, ist alles falsch. Merkwürdig oder grotesk auch die Zusammenstellung unserer beiden Namen: Gurian und Becker. Tatsächlich hat mich Gurian in einem Gespräch auf der Nachtredaktion der KV in Köln 1923 auf Ihre Schrift über den römischen Katholizismus, die W. Dirks in der RMV besprochen hatte, aufmerksam gemacht[5]. Das Ergebnis war mein Besuch bei Ihnen und unser Spaziergang mit dem Gespräch über Hobbes. Gurian kam von Scheler[6] her und ich von Guardini. Gurian war eigentlich niemandes Schüler, und ich freute mich, wenn ich mehr als einen Lehrer hatte. Noch Ende der 20er Jahre habe ich Sie verteidigt gegen den Angriff der Stratmann. Ebenso wie bei meinem Referat von 1924, das die Schildgenossen abdruckten[7], wollte ich zeigen, daß Ihre Thesen (Ihr „Dezisionismus") gegenüber der thomistischen Denkweise offen waren. „Politik ist die Bemühung um den Frieden angesichts der Möglichkeit des Krieges" – so etwa schrieb ich damals, und Sie stimmten zu. Niemals haben Sie bei Hobbes die Verbindung von geistlicher und weltlicher Gewalt bejaht. Der Staat war für Sie immer nur, wie Papst *Pius XI.*[8] einmal sagte, „relativamente totalitario".

Ich muß hier abbrechen. Jedenfalls habe ich die für mich so schöne Zeit in Bonn nicht vergessen. Kurz vor meinem Examen 1925 sagten Sie mir einmal auf der Straße: „Ich wünsche ausgeruhte Kandidaten vor mir zu sehen". Nach dem Kriege gab es noch die Reise zu Ihrer Frau Gemahlin, deren Persönlichkeit noch lebendig vor mir steht, nach Wannsee und unsere Begegnung in Heidelberg. Und nun hoffe ich auf den Besuch im September.

Für heute einen herzlichen Gruß für Sie, mit allen guten Wünschen vor Gott.

Dankbar Ihr

(s)

---

[1] Papst *Paulus VI.* (eig. Giovanni Battista *Montini;* 1897 - 1978) verfolgte die Linie seines Vorgängers *Johannes XXIII.* (eig. Angelo Giuseppe *Roncalli;* 1881 - 1963), des ‚Vaters' des II. Vatikanischen Konzils (1962), indem er u.a. die Kurie reorganisierte (1967), die Liturgie vereinfachte und für die Messe die jeweilige Volkssprache erlaubte (1969). Seine drei Enzykliken machten Furore: „Sacerdotalis

celibatus" (1967) unterstrich die Notwendigkeit des Zölibats für die Priester, „Populorum progressio" (1967) befaßte sich mit dem Problem der Unterentwicklung, „Humanae vitae" (1968) lehnte die Kontrazeption ab.

² Giovanni *Colombo* (1902 - 1992) wurde 1965 zum Kardinal erhoben.

³ a) A. Dempf, „Fortschrittliche Intelligenz nach dem Ersten Weltkrieg", in: Hochland, 61. Jg. Nr. 4, Mai - Juni 1969, S. 234 - 242; dort S. 237 - 238. Über Alois Dempf, vgl. den apologetischen Band von V. Berning [Br 2 FN 4 Punkt b)] und Hans Maier (geb. 1931) (Hrsg.), Alois Dempf 1891 - 1982. Philosoph, Kulturtheoretiker, Prophet gegen den Nationalsozialismus, Weißenhorn: Konrad Verlag, 1992, 312 S. [vgl. Br 2 FN 3]; dort S. 196 - 242 die von Dempf 1934 in der Schweiz unter dem Pseudonym Michael *Schäffler* edierte Schrift „Die Glaubensnot der deutschen Katholiken", die u.a. auch gegen C. S. gerichtet war. – Vgl. Br 5 FN 4, sowie Br 8 FN 8.

b) C. S. zitiert diese Dempf betreffende Passage des W. B.-Briefs in seiner Schrift: Politische Theologie II. Die Legende von der Erledigung jeder Politischen Theologie, Berlin: Duncker & Humblot, (1970) 1990, 126 S.; dort S. 21 - 22 FN 3. Ich habe sie ebenfalls zitiert in meinem Beitrag „Bausteine zu einer wissenschaftlichen Biographie [C. S.s] (Periode: 1888 - 1933)", S. 71 - 100 (und Aussprache S. 101 - 106) in H. *Quaritsch* [Anlage A, 1. Brief FN 8] (Hrsg.), Complexio oppositorum. Über Carl Schmitt, Berlin: Duncker & Humblot, 1988, 610 S., Nr. 102 in der ‚Schriftenreihe der Hochschule Speyer'; dort S. 82.

⁴ a) Gemeint sind: (a) der im protestantischen Lager zum Eklat geratene Bonner Vortrag aus dem Jahre 1925: „Was ist Theologie?", veröffentlicht (um Fußnoten vermehrt) in: op. cit. [Br 5 FN 4], S. 9 - 43 (dazu B. Nichtweiß, op. cit. [Br 5 FN 3], S. 512 - 517: „Streit um ‚Was ist Theologie?'"); (b) der im September 1928 in Holland gehaltene und 1929 in München wiederholte Vortrag „Die Kirche", in: op. cit. [Br 5 FN 4; dort auch Hinweise]; vgl. die interessante Rezension des Kölner Theologen Robert *Grosche* (1888 - 1968), „‚Die Kirche'", in: Abendland [Einleitung FN 7 Punkt a)], 4. Jg. Nr. 4, Januar 1929, S. 126 - 127. – Vgl. W. B., „Zwei Vorträge von Erik Peterson", in: Die Schildgenossen [Br 5 FN 1], 9. Jg. Nr. 5, September - Oktober 1929, S. 439 - 441.

b) Zum ersten Vortrag hat C. S. sich in seinem Brief an Edgar *Salin* (1892 - 1974) vom 26. August 1925 folgendermaßen geäußert: „Was Peterson betrifft, so ist er alles weniger als ein römischer Katholik. In seinem Vortrag steht nicht ein Wort, das nicht jeder anglikanischer, jeder jansenistischer, jeder griechisch-orthodoxer Theologe akzeptieren würde. Es ist nur für den Protestantismus interessant, daß er keinen Kirchenbegriff mehr hat und von Theologie nichts mehr weiß. ..." –

Über die Beziehungen C. S.-Salin, vgl. P. Tommissen (Hrsg.), op. cit. [Br 4 FN 2 Punkt a)], S. 163 - 168.

⁵ a) Waldemar Nahumowitsch Gurian (1902 - 1954), dessen Indiskretionen über ein Gespräch zwischen C. S. und dem Dichter (und Begründer des Dadaismus!) Hugo *Ball* (1886 - 1927; vgl. FN 6 und Anlage A, 1. Brief FN 5 Punkt b) zum Abbruch seiner Beziehungen mit C. S. führte, hörte ab 1934 nicht auf, sich in den in der Schweiz erscheinenden „Deutschen Briefen" mit dem sog. Fall C. S. zu beschäftigen. Vgl. über ihn die (für die Kontakte C. S.-Gurian leider unergiebige) Monographie von Heinz *Hürten* (geb. 1928), Waldemar Gurian. Ein Zeuge der Krise unserer Welt in der ersten Hälfte des 20. Jahrhunderts, Mainz: Matthias-Grünewald-Verlag, 1972, XXV - 182 S., Nr. 11 in der Reihe B der ‚Veröffentlichungen der Kommission für Zeitgeschichte'; außerdem von diesem Forscher: „Waldemar Gurian und die Entfaltung des Totalitarismusbegriffs" in H. Maier (Hrsg.), op. cit. [Br 2 FN 1], S. 59 - 70 und die Diskussion S. 71 - 73 (dort S. 63: „... den an Carlo Schmitt geschulten Gurian ..."). Dessenungeachtet erkundigte Gurian sich kurz nach Kriegsende nach dem Schicksal C. S.s; vgl. P. Tommissen (Hrsg.), op. cit. [Br 9 FN 2 Punkt b)], S. 156. Als C. S. in der ihm von G. Krauss [Br 4 FN 2 Punkt b)] zugeleiteten, sich mit dem Geopolitiker Karl *Haushofer* (1869 - 1946) befassenden Broschüre des amerikanischen Jesuiten Edmund A. *Walsh* (1885 - 1956) „Wahre statt falsche Geopolitik für Deutschland" (Frankfurt a.M.: Schulte-Bulmke, 1946, 27 S.), die sich auf ihn betreffende Stelle (S. 13) gelesen hatte, witterte er sofort den Einfluß von Gurian: (a) C. S., op. cit. [Br 4 FN 4 Punkt c)], S. 95 (Brief Nr. 60 vom 21. Januar 1951); (b) C. S., Glossarium. Aufzeichnungen der Jahre 1947 - 1951 (hrsg. von Eberhard *von Medem* [1911 - 1993], Berlin: Duncker & Humblot, 1991, XVII - 364 S. (dort S. 87: Eintragung vom 22. Januar 1948); (c) der unveröffentlichte Brief C. S.s an G. Krauss vom 22. Januar 1948: „...Erst nachträglich, hinterher, dachte ich daran, daß es sich bei dieser Stelle (zum Begriff des P.[olitischen] um eine auf Schafsnasen berechnete Niedertracht handelt, die ihrerseits wieder auf einen Schächer, den armen Gurian, zurückgeht, der sich seinerseits auf solche Weise für sein Schächertum zu rächen sucht und sich dazu eines Jesuiten bedient...." - Vgl. auch Einleitung FN 7 Punkt a); Br 29: Text und FN 15 Punkt b); Anlage A, 2. Brief FN 10.

b) C. S., Römischer Katholizismus und politische Form, Stuttgart: Klett-Cotta, (1923, 2. Ausg. mit bischöflichem Imprimatur = 1925), 1984, 65 S. Über die Entstehungsgeschichte des Essays, vgl. C. S., op. cit. [FN 3 Punkt b)], S. 27 - 28 FN 4.

c) W. Dirks [Br 4 FN 3], „Politische Kräfte in der jungen Generation", in: Literarischer Handweiser, 60. Jg. Nr. 8, August 1924, Sp. 393 - 398; C. S.s Büchlein [diese FN Punkt b)] kommt in dieser Sammelrezension Sp. 395 - 396 an die Reihe.

⁶ Über den Einfluß des Philosophen M. Scheler [Einleitung FN 14 Punkt b)] auf deutsche katholische Theologen, vgl. R. Aubert, op. cit. [Br 4 FN 6], S. 518 - 520. C. S. kannte ihn persönlich; vgl. den zweiten Abschnitt seines Briefes an H. Ball [FN 5 Punkt a)] vom 12. Oktober 1924, abgedruckt S. 219 - 220 in B. Wacker [Br 4 FN 2 Punkt a)], „Vor einigen Jahren kam einmal ein Professor aus Bonn… Der Briefwechsel Carl Schmitt/Hugo Ball", S. 207 - 239 in B. Wacker (Hrsg.), Dionysius DADA Areopagita. Hugo Ball und die Kritik der Moderne, Paderborn: Schöningh, 1996, 276 S. Schelers Wertschätzung C. S.s ergibt sich übrigens aus einem Satz seines Vortrags „Der Mensch im Weltalter des Ausgleichs", S. 31 - 63 in ‚Deutsche Hochschule für Politik' (Berlin) (Hrsg.), Ausgleich als Aufgabe und Schicksal, Berlin: Walther Rothschild, 1929, V-63 S., Nr. 8 in der Reihe ‚Politische Wissenschaft'; dort S. 60: „Die Soziologie der Religionen und Metaphysiken, zu der M. Weber, E. *Troeltsch*, C. Schmitt, einige Ethnologen, sehr gewichtige Beiträge gegeben haben, hat den Zusammenhang der Gottes- und Heilsideen mit den gesellschaftlichen Strukturen und den politischen Herrschaftsformen zum Gegenstand. …" – Vgl. auch Anlage A, 2. Br FN 10 Punkt a).

⁷ a) W. B., „Demokratie und moderner Massenstaat", in: Die Schildgenossen. 5. Jg. Nr. 6, September 1925, S. 459 - 478; dort S. 459 FN 1: „Die folgenden Ausführungen verdanken ihre Anregung Carl Schmitt…". Den Plan von C. S.s Seminarübungen über „Die moderne (Massen-)Demokratie" (Bonn, Wintersemester 1924 - 25) habe ich abgedruckt in H. Quaritsch (Hrsg.), op. cit. [FN 3 Punkt b)], S. 81. – Vgl. auch Br 29 FN 9 Punkt a), sowie Anlage A, 2. Brief FN 7.

b) Zu diesem Artikel W. B.s, vgl. C. S., Die geistesgeschichtliche Lage des heutigen Parlamentarismus, Berlin: Duncker & Humblot, (1923) 1996, 90 S.; dort S. 18 - 19 FN 1.

⁸ Über diesen Papst, vgl. Br 8 FN 8.

20 (h)

Verehrter lieber Herr Professor Carl Schmitt![1]

Von einem Sonntagsaufenthalt in Prag möchte ich Ihnen herzliche Grüße und gute Wünsche senden. Das Licht und die Freude der Weihnacht ist immer noch die Antwort auf die Krisen unserer Zeit.

Hoffentlich sind Sie gesund!

Ich grüße Sie herzlich.

Ihr alter (s)

---

[1] C. S. hat handschriftlich hinzugefügt: „zu Weihnachten 1971".

21 (h)

7031 Leipzig, den 14. Mai 1972
Karl-Heine-Straße 110

Verehrter, lieber Professor Carl Schmitt!

Es sieht so aus, als hätte ich Sie fast vergessen. Aber ich traue Ihnen zu, daß Sie wissen, wie meine Gedanken doch oft bei Ihnen sind, trotz meines Schweigens. Nun höre ich von Hubertus *Bung,* daß Sie sehr krank gewesen sind[1], daß Sie umgezogen sind[2] und, daß das Alter Ihnen zu schaffen macht.

Pfingsten ist gewiß die rechte Zeit, Ihnen einen herzlichen Gruß zu senden und Ihnen die Gaben des Gottesgeistes zu wünschen, die er für Sie bereithält, immer neu, da sich doch in unserer Schwachheit seine Kraft erweisen soll. Er weiß was Ihrer Seele nottut – und Seele und Leib sind eins in Gottes Liebe zu seinem Werk.

Ich hatte einen Kummer, daß ich seit vielen Monaten kein Visum mehr für das Ausland bekomme. Ich kann nicht mehr nach Rom fahren, wo noch 2 Jahre echte Berufsaufgaben auf mich warten. Damit hängt zusammen, daß ich erst Anfang nächsten Jahres wieder zu meinen Geschwistern ins Rheinland fahren kann. So kann auch mein längst fälliger Besuch bei Ihnen erst nächstes Jahr zustandekommen. Das bedauere ich besonders, aus vielen Gründen.

Ich sende Ihnen einen Kommentar von mir über das Dialogdokument des „Einheitssekretariats", an dem ich mitgearbeitet habe[3]. Vielleicht werden Sie dabei an den Ausspruch *Donoso Cortés'* denken über die ewig dialogisierende Bürgerlichkeit[4] – aber es gibt doch auch eine echte Öffnung der verhärteten Fronten. Haben Sie schon die Umfrage im letzten Heft von „Wort und Wahrheit" über die Situation unserer Kirche gesehen? Der einzige Beitrag aus der DDR stammt von meinem Freund Wolfgang Trilling, den wir zum Superior unseres Leipziger Oratoriums gewählt haben[5].

Erst dieser Tage konnte ich die Festrede von Prof. J. A. G. *Casanova* vom 11.7.1968 lesen[6] – großartig, auch für mich ein konkreter Zugang zu Ihrem Denken und Wirken.

Ich grüße Sie von Herzen: stets Ihr

(s)

---

[1] a) Der an W. B. gerichtete Brief H. *Bungs* vom 3. Mai 1972 fängt folgendermaßen an: „Am 24.4. [1972] habe ich nach sehr langer Pause wieder C. S. besucht. Er ist immer wieder von Krankheiten geplagt, z. Zt. von einer Lungenentzündung und Bronchitis. Der Herzinfarkt von Weihnachten 1970 scheint vernarbt zu sein,..." Wie aus Briefen hervorgeht, hat der Herzinfarkt einige intime Freunde C. S.s dermaßen beunruhigt, daß sie sich sozusagen auf der Suche nach der geeignetsten seelsorgerischen Formel machten; auch W. B. wurde der Puls gefühlt. Es gehört zur Ironie der Geschichte, daß C. S. alle überlebt hat.
b) Rechtsanwalt Hubertus Bung (1908 - 1973) gehörte der ‚Academia Moralis' an, einem Freundeskreis der C. S. ab 1947 in mancher (auch finanzieller) Hinsicht geholfen hat; vgl. Wilhelm *Schmitz* (geb. 1912), „Zur Geschichte der Academia Moralis", S. 119 - 156 in P. Tommissen (Hrsg.), Schmittiana IV, Berlin: Duncker & Humblot, 1994, 304 S. Im November 1965 wurde Bung von C. S. als sein Testamentsvollstrecker eingesetzt; einvernehmlich mit C. S. hat er das Mandat 1972 beendet.

[2] Als seine Hausdame Anni *Stand* (1915 - 1997) sich im Plettenberger Ortsteil Pasel ein Häuschen baute, zog C. S. 1970 mit ihr um. Vgl. Br 24 FN 6 Punkt b).

[3] Dieser Kommentar W. B.s hat mir nicht vorgelegen.

[4] C. S., *Donoso Cortés* in gesamteuropäischer Interpretation. Vier Aufsätze, Köln: Greven Verlag, 1950, 114 S.; dort S. 35.

[5] a) Der nicht überschriftete Beitrag Trillings über die Errungenschaften und die Mängel des II. Vatikanischen Konzils findet sich in: Wort und Wahrheit (Wien), 27. Jg., 1972, S. 214 - 217.

b) Wolfgang Trilling (1925 - 1995) studierte 1945 - 51 Philosophie und Theologie in Paderborn und München, erhielt 1952 die Priesterweihe, war 1952 - 56 als Kaplan tätig. Er trat dem Oratorium bei, promovierte 1959 in München und wurde dort als Dozent für das Alte Testament berufen. 1968 - 70 hatte er in Erfurt den Lehrstuhl für Neutestamentliche Exegese inne.

[6] a) José Antonio *González Casanova*, „Acceso a Carl Schmitt, concretamente", in: El Correo Gallego, 11. Juli 1968, S. 9. Eine wohl von seiner Tochter, Anima *Schmitt de Otero* (1933 - 1983), verfaßte Übersetzung dieser Tischrede des jungen Staatsrechtlers der Universität Santiago de Compostela hat C. S. an viele Bekannten geschickt. – Es gibt von González C. noch einen kurzen Gelegenheitsartikel: „Carl Schmitt: noventa años de un existencialista político", in: El País, 6. August 1978.

b) Tischrede? Dem langen Brief, den H. Bung [FN 1 Punkt b)] am 14. April 1971 an den katholischen Kirchenrechtler Hans *Barion* (1899 - 1973; vgl. Piet Tommissen [Hrsg.], op. cit. [FN 1 Punkt b)], S. 121 FN 7 Punkt a) richtete, entnehme ich diese Einzelheiten: „Apostolische Kathedrale von Santiago, am 11. Juli 1968, Tag des 80. Geburtstages, Messe ad hoc mit der Familie, Gratulanten, darunter den beiden einzigen deutschen: den ev. *Forsthoff* [sc. Staatsrechtler Ernst Forsthoff, 1902 - 1974; vgl. P. Tommissen (Hrsg., op. cit. (FN 1 Punkt b), S. 124 FN 13 Punkt c)] und mir catholico. Mit der Messe als Beginn und dem Bankett als Abendabschluß im Hostal de los Reyes Católicos hatte er [sc. C. S.] sich den Tag gewünscht, es war die Votivmesse vom Hl. Geist."

Die Briefe 89

22 (h + m)

7031 Leipzig, den 28. März 1973[1]
Karl-Heine-Straße 110

Verehrter, lieber Professor Carl Schmitt!

Professor *Warnach*[2] war bei mir, als Bote von Ihnen. So habe ich mich endlich aufgeschwungen zu diesem Brief und zu dem Entschluß, Sie zu besuchen. Ende Mai oder Anfang Juni werde ich mich für eine Reise ins Rheinland [(] und nach München []] freimachen können. Dann wird unser Wiedersehen [so Gott will] zustande kommen!

Ich sitze zum ersten Mal [, in diesem Frühling,] am offenen Fenster, in unserm Landhaus bei Naumburg[3], und bereite mich für die Abendmesse in der [Haus]Kapelle vor. In meinem Denken und Beten sind Sie dabei – leider noch nicht so nah[4] wie die Vögel auf den Ästen draußen.

Ich wüßte gerne, wie es Ihnen geht. [Manchmal schreibt mir Hubertus Bung darüber.] Am 17. Mai gehe ich schon in mein 70. Jahr. Mit meinen Augen bin ich nicht recht zufrieden – irgendwo muß sich ja wohl das Alter ankündigen.

In unserm Oratorium [in Leipzig] sind wir (8 Priester und 3 Laien) in lebendigem Gespräch zwischen den Generationen – eine Weise des Kontaktes, der unsern Bischöfen zu fehlen scheint[5].

Übrigens habe ich das Interview, das Sie [vor einiger Zeit] dem Rundfunk gegeben haben, auf Band übertragen[6]. So kann ich immer wieder Ihre [vertraute] Stimme hören.

Können Sie denn überhaupt meine Schrift lesen? Ich lege Ihnen eine Abschrift bei.

Ich grüße Sie herzlich
in alter Verehrung Ihr

(s)

---

[1] a) Die maschinenschriftliche Kopie enthält einige Ergänzungen, die in eckigen Klammern, und einige geänderte Teilsätze, die in den FN 4 und 5 mitgeteilt werden. Selbstverständlich fehlt der Schlußsatz der handschriftlichen Originalfassung.

b) Auf das maschinenschriftliche Exemplar des Briefes hat C. S. vermerkt: „W. Becker 4/6/73 will zu Pfingsten kommen", auf das handschriftliche: „Besuch 7/6/73 Pasel".

[2] Über den Literatur- und Kunstforscher Werner *Warnach* (geb. 1910) und sein Verhältnis zu C. S., vgl. P. Tommissen (Hrsg.), op. cit. [Br 4 FN 2] S. 88 FN 62. Er schrieb mir, daß die „angedeuteten Beziehungen, wie das Ausrichten von Grüßen von C. S. an W. Becker zu flüchtig [waren], um weitere Folgen anzunehmen. Sie sind vielleicht im mündlichen Gespräch erörtert worden." (Brief vom 4. Dezember 1996)

[3] Selbstverständlich ist Naumburg/Saale gemeint.

[4] In der maschinenschriftlichen Fassung heißt es „leibhaft" statt „nah".

[5] In der maschinenschriftlichen Fassung heißt es „den ich z. B. auch unsern Bischöfen wünschen möchte" statt „der unsern Bischöfen zu fehlen scheint".

[6] Der Südwestfunk (Baden-Baden) sendete am 6. Februar 1972 (18 bis 19 Uhr), einen Teil des stundenlangen Gesprächs, das C. S. mit Professor Dieter *Groh* (geb. 1932) und dem Journalisten Klaus *Figge* (geb. 1934) geführt hatte. Den von C. S. korrigierten und ergänzten Text eines Teils dieser Sendung habe ich veröffentlicht in meinem Buch: Over en in zake Carl Schmitt, Brüssel: E. H. S. A. L, 1975, 171 S., Nr. 21 - 22 - 23 in meiner Schriftenreihe ‚Eclectica'; dort S. 89 - 109. Professor Groh gibt Ende d. J., spätestens Anfang 1998, den vollständigen Text des Gesprächs heraus.

23 (m)

7031 Leipzig, den 20.8.1973
Karl-Heine-Straße 110

Verehrter, lieber Professor Carl Schmitt!

Ich bin immer noch glücklich in dem Bewußtsein, Ihnen durch meinen Besuch im Frühjahr eine wirkliche Freude bereitet zu haben. Dann kam bald darauf Ihr 85. Geburtstag – leider ohne ein sichtbares Zeichen meiner Mitfreude und Dankbarkeit.

Heute möchte ich Sie davon benachrichtigen, daß ich zum ersten Mal und wohl auch zum letzten Mal in meinem Leben eine Reise nach Jugoslawien unternehmen kann. Vom 3.-10. September findet in Vodice bei Split ein ökumenischer Kongreß statt. Es geht dabei um die Intensivierung der Beziehung zwischen der katholischen und den orthodoxen Kirchen (Thema: Das Pleroma Christi). Ich weiß nicht, ob Sie auch den südlichen Teil von Dalmatien kennen. Die Flugreise geht über Belgrad, und ich kann dort unterbrechen.

Haben Sie noch irgendeine Beziehung zu dem heutigen Jugoslawien - wenn es überhaupt eine Kontinuität zwischen Alt und Neu in unserer so geschichtsbeschleunigten Zeit gibt?

Jedenfalls ist die Schönheit der Landschaft und die Lebendigkeit der Denkmäler aus der Antike geblieben, und ich werde auf dieser Reise an Sie denken.

Mit herzlichen Wünschen und Grüßen und in Dankbarkeit auch für die gastliche Aufnahme in Ihrem Hause,

Ihr getreuer (s)

24 (m)

DDR - 7031 Leipzig, den 11.7.1975[1]
Karl-Heine-Straße 110

Verehrter, lieber Professor Carl Schmitt!

Ein bestimmtes Datum zwingt mich, Ihnen endlich einmal zu schreiben. Übermorgen, am 13.7., werde ich ganz besonders an Sie denken. Heute vor 50 Jahren begegneten Sie mir auf der Straße in Bonn und sagten zu mir: „Herr Becker, Sie sehen schlecht aus. Ich wünsche beim Examen ausgeruhte Kandidaten vor mir zu sehen. Versprechen Sie mir: Rühren Sie mir kein

Buch mehr an." Am 13. Juli prüfte zuerst Professor *Heimberger* Geschichte des Kirchenrechts (und keinen einzigen Paragraphen)[2], dann gab es mit Ihnen ein Gespräch über die Rechtsnatur des Saargebietes[3]. Nachdem ich so unverdient zwei gute Prädikate eingeheimst hatte, blieb Professor *Landsberg* nichts anders übrig als sich anzuschließen mit der Bemerkung „Sie wollen sich ja nicht für Strafrecht habilitieren."[4] Ich denke auch zurück an mein erstes Referat bei Ihnen über „Demokratie und Massenstaat", das Sie so wohlwollend beurteilt haben, obwohl unsere Ansichten über die Demokratie auseinandergingen[5]. Und vorher noch, ganz am Anfang gab es die zwei Spaziergänge mit Ihnen, bei denen das Hobbes-Thema ausgebrütet wurde.

50 Jahre sind vergangen, und ich möchte Ihnen endlich einmal herzlich danksagen, daß ich einer Ihrer Lieblingsschüler sein durfte. Der glückliche Abschluß meines juristischen Studiums war die entscheidende Weichenstellung für mein ganzes ferneres Leben.

Nun wüßte ich gern, wie es Ihnen in Ihrem hohen Alter geht. Glücklicherweise kann ich mir Ihr schönes Heim vorstellen und weiß, daß viele Ihrer Schüler Ihnen die Treue gehalten haben, auch Ihre Hausdame, die ich zu grüßen bitte[6].

Meine Aufgabe ist jetzt, auch nach meinem 70. Geburtstag immer noch, das Konzil in meiner Interpretation in der DDR bekanntzumachen und in diesem Geist besonders unter den evangelischen Christen zu wirken. Manchmal kann ich meine Geschwister in Mönchengladbach und Krefeld besuchen und auch die Verbindung mit dem Oratorium in München aufrechterhalten.

Ich denke oft in herzlicher Dankbarkeit an Sie und sende Ihnen herzliche Wünsche für Ihren Lebensabend.

Auch Ihre Gattin habe ich nicht vergessen: Bonn, Wannsee und Heidelberg[7].

In alter und neuer Verbundenheit grüße ich Sie von Herzen
Ihr

(s)

Wir stehen vereint vor Gott. Ich bin mit meinen Augen nicht zufrieden. Ein grauer Star hat sich eingestellt – ungerufen, aber freundlich bewillkommnet[8].

---

[1] C. S. hat ganz oben handschriftlich diese Notizen angebracht: (a) „b.[eantwortet] So.[nntag] 3/8/75"; (b) „1) Werner Becker in Pasel gezeigt 25. Juli 1975 – 2) an Martin Meyer zck [= zurück] (Eilbrief) 11/2/76".

[2] Joseph *Heimberger* (1865 - 1933) hat in Straßburg (1896 - 1902), Münster (1902), Gießen (1902 - 03), Bonn (1903 - 25), Frankfurt a. M. (1925 - 33) Straf-, Prozeß- und Kirchenrecht gelehrt. 1924 - 25 amtierte er als Rektor in Bonn. Vgl. Anlage B.

[3] Vgl. C. S., „Die Wahlordnung für das Saargebiet vom 29. April 1920 (ein Beispiel zur Lehre von den Prinzipien rechtlicher Ordnung", in: Niemeyers Zeitschrift für internationales Recht, 34. Jg., 1924, S. 415 - 420.

[4] Ernst *Landsberg* (1860 - 1927), der Vater von P. L. Landsberg [Einleitung FN 11 Punkt b)], lehrte 1887 - 1927 in Bonn Römisches Recht und Strafrecht. 1914 - 15 hat er als Rektor amtiert. Vgl. Anlage B.

[5] An dieser Stelle hat C. S. handschriftlich diese Randbemerkung angebracht: „das war 1922/23".

[6] a) Der abschließende Teilsatz „auch ... bitte" ist handschriftlich hinzugefügt.
b) Frau Anni Stand [Br 21 FN 2] hat ab 1952 seinen Haushalt geführt.

[7] a) An dieser Stelle hat C. S. handschriftlich diese Randbemerkung angebracht: „(meine Frau ist 1950 gestorben)".
b) Die Namen der drei Städte sind handschriftlich hinzugefügt.
c) Seinem Brief vom 22. Oktober 1950 an G. Krauss [Br 4 FN 4 Punkt c)] ist zu entnehmen, daß C. S. in Heidelberg W. B. getroffen hat, als dieser Frau Schmitt in der dortigen Klinik besuchte.

[8] Das ganze Postskriptum ist handschriftlich hinzugefügt.

25 (m)

Leipzig, in der Karwoche 1976

Verehrter, lieber Professor Carl Schmitt!

In einer stillen Stunde nach der Feier der Weihnachtsmette habe ich versucht, einen Rundbrief zu konzipieren, zugleich als Dank für die vielen Weihnachtsgrüße, die mich erreicht hatten, und als einen Versuch, jahrelang sträflich vernachläßigte Verbindungen wieder anzuknüpfen. Ich fand aber damals, daß ein Rundbrief persönliche Briefe nicht ersetzen kann, und beschränkte mich darauf, die lange Liste der Adressaten niederzuschreiben, denen meine Gedanken und guten Wünsche galten.

Jetzt steht schon Ostern vor der Tür; ehe ich in der Heiligen Woche an den Altar trete, möchte ich Ihnen ein Zeichen meines Gedenkens senden.

Inzwischen ist (kurz vor meinem 72. Geburtstag) meine geregelte Berufsarbeit als Leiter der Ökumenischen Arbeitsstelle in Leipzig, die von Bischof Otto *Spülbeck*[1] 1966 gegründet und längere Zeit der Berliner Ordinarienkonferenz zugeordnet war, zu Ende gegangen, und ich bin mitten in der Arbeit der Überführung dieser Arbeitsstelle nach Dresden, wo die Verantwortung für sie in der Hand meines Freundes Dr. Michael Ulrich[2] vom Dresdner Oratorium liegt.

Darf ich Sie an meinen Überlegungen über meine Lebensarbeit an der ökumenischen Aufgabe in der DDR teilnehmen lassen?

Einen Wendepunkt in meinem Leben bedeutete die Berufung als Konsultor in das Sekretariat für die Einheit der Christen in Rom[3], die mehrmals verlängert wurde (bis 1978). Mit dem Quickborngründer Professor Dr. theol. h.c. Hermann Hoffmann (Breslau), der im Alter von 93 Jahren verstorben ist[4], kann ich sagen: „Das Konzil hat all das verwirklicht, was ich mir als junger Kaplan gewünscht hatte." Wohl alle Teilnehmer am Konzil sind durch die 4 Jahre des Gemeinschaftslebens in Rom entscheidend geformt worden. In den Beschlüssen des Konzils, die ich in zwei Ausgaben in der DDR bekanntmachen durfte[5], sehe ich nach wie vor zukunftsträchtige Lebensäußerungen der Kirche (und offene Türen) zur Überwindung der Krise, in die sie in ihrer Konfrontation mit der heutigen Welt schon vorher hineingeraten war. Die Mitarbeit an der Rezeption des Konzils, zunächst in der DDR, sehe ich auch weiterhin als meine besondere Aufgabe. Dabei kann man wohl J. *Ratzinger*[6] recht geben, der mir in einem Brief schrieb, daß sich diese Annahme und praktische Durchführung des Konzils bisher in der DDR besser vollzogen habe als anderswo. Meine Überzeugung, daß diese Rezeption nur in einer Zusammenarbeit mit den evangelischen Schwesterkirchen geschenkt werden kann, sehe ich durch den diesem Brief beiliegenden Text von einem evangelischen Freund beglückend bestätigt[7].

Sie werden vielleicht mit diesen Andeutungen nicht viel anfangen können. Hoffentlich ist es mir noch vergönnt, meine Gedanken zur Erneuerung des Kirchenrechts ähnlich wie mein kleines Buch über die rechtliche Ordnung der bekenntnisverschiedenen Ehe (Leipzig 1975) und meinen Kommentar zu dem neuesten Dokument des Einheitssekretariats über „Die ökumenische Zusammenarbeit auf regionaler, nationaler und örtlicher Ebene" (Trier 1976)[8] zu formulieren.

Manchmal werde ich gefragt, ob ich nicht meinen Ruhestand in der BRD (etwa bei meinen Geschwistern in Mönchengladbach und Krefeld) verbringen wolle. Das liegt mir aber völlig fern, da ich meinen Entschluß zum Oratorium, der auf meine Studentenzeit in Tübingen 1928 zurückgeht, noch nie bereut habe. Das Oratorium in Leipzig besteht aus 11 Mitgliedern, es ist eine lebendige Gemeinschaft, in der alle Generationen in einem echten Dialog stehen. Die Gemeinschaft mit den Studenten, besonders in den Jahren nach dem II. Weltkrieg begründet, lebt weiter, sie bleibt für mich eine tragende Kraft.

So möchte ich Ihnen beiden in der Freude über unsere alte Verbundenheit einen herzlichen Gruß senden. Es ist ein Ostergruß, eine Bitte um die geistgewirkte Kraft, die das Kreuz und die Auferstehung Christi für die Welt und für jeden von uns bedeutet.

In treuem Gedenken (s)

96 Die Briefe

¹ Otto *Spülbeck* (1904 - 1970) war ab 1958 Bischof von Meißen.

² Der Oratorianer Michael Ulrich (geb. 1928) leitete damals die Ökumenische Arbeitsstelle Dresden. Diese wurde unter seinem Nachfolger mit der ehedem von W. B. geführten Ökumenischen Arbeitsstelle Leipzig zur Ökumenischen Arbeitsstelle des Bistums Dresden-Meißen verschmolzen.

³ Vgl. Br 14.

⁴ Vgl. Br 16 FN 3.

⁵ Ich kenne nur: Ökumenisches Direktorium. Erster Teil: Lateinisch-Deutsch (Kommentar von Werner Becker), Leipzig: St. Benno-Verlag, 1968, 77 S., Nr. 7 in der Reihe ‚Kirchliche Dokumente nach dem Konzil'.

⁶ Der deutsche Theologe Joseph Alois *Ratzinger* (geb. 1927), 1977 - 82 Erzbischof von München und Freising, wurde 1977 zum Kardinal erhoben; er leitet z.Zt. in der Kurie die Kongregation für die Glaubenslehre (das frühere Sankt Offizium). Nur ein Buch von ihm sei erwähnt: Die christliche Brüderlichkeit, München: Kösel, 1960, 123 S.; dazu die lange Besprechung von Alfons *Well* in: Wort und Wahrheit (Wien), 16. Jg. Nr. 6 - 7, Juni - Juli 1961, S. 469 - 470. – Vgl. auch Br 4 FN 8 Punkt a).

⁷ Dieser Text liegt dem Originalbrief W. B.s nicht mehr bei.

⁸ W. B., (a) Die rechtliche Ordnung der bekenntnisverschiedenen Ehe, Leipzig: St. Benno Verlag, 1975, 180 S.; (b) Die ökumenische Zusammenarbeit auf regionaler, nationaler und örtlicher Ebene (eingeleitet und kommentiert von W. B.), Trier: Paulinusverlag, 1976, 147 S.

26 (h)

7031 Leipzig, den 12.12.1976
Karl-Heine-Straße 110

Verehrter, lieber Professor Carl Schmitt!

Wie Sie sehen, habe ich immer noch meine Aufgabe in Rom. Die Aufnahme¹ stammt von der Audienz des Einheitssekretariats am 12. Nov. 1976, bei der Papst Paul erklärte:

„L'Oecuménisme est la tâche la plus grande et la plus mystérieuse de Notre pontificat!" Die Krisis unserer Kirche („Kirche unterwegs") macht mir keine Angst. Dafür war mir das Wirken des Gottesgeistes im Konzil allzu offenkundig. Wir in der DDR haben das Konzil organischer rezipiert als die Bundesrepublik.

Von den mir zustehenden 30 Tagen „Rentnerreise" werde ich einen Teil schon im Februar nehmen. Vielleicht kann Hubertus Bung mich einmal in sein Auto einladen. Ich hoffe so sehr, Sie gesund wiederzusehen!

Dann werde ich Sie auch etwas fragen, was mir gerade in den Sinn kommt: Ist die Bonner Formel für mein um fast 50 Jahre altes Doktordiploma, das ich Ihnen verdanke: „Doktor *der* Rechte" nicht eine Übersetzung von Dr. jur. utriusque?

Gerne denke ich an meinen Besuch bei Ihnen zurück, aber auch weiter zurück an meinen ersten Besuch in Bonn 1924; schon damals knüpfte sich das Band zwischen uns beiden.

Ich merke meine 72 Jahre an meinen Augen. Und wie geht es Ihnen in Ihrem wahrhaft hohen Alter?

Meine guten, herzlichen Wünsche sind bei Ihnen, ich nehme sie mit zum Altar in dieser Adventszeit.

Herzliche Grüße! Gottes Segen zur Weihnacht.

Dankbar Ihr (s)

---

[1] Diese Aufnahme liegt dem Originalbrief W. B.s nicht mehr bei. Es handelt sich mutmaßlich um ein Bild, das sich dennoch im C. S.-Nachlaß befindet (Sigle: RW 265 – Karton 463, Mat. 8). Gemäß Rückvermerk von C. S. zeigt es W. B. und Papst Pius VI. [Br 19 FN 1] bei einer Audienz am 27. November 1976 (Brief von Herrn Dr. Dieter *Weber* vom 21. Mai 1997).

98   Die Briefe

27 (h)[1]

Leipzig, den 21.7.1977

Verehrter, lieber Professor Carl Schmitt!

Sie haben nun Ihr 90. Lebensjahr begonnen, und es kam immer noch kein Lebens- und Freundschaftszeichen von mir. Dabei habe ich dem treuen Dr. Warnach schon lange versprochen, Ihnen das beigefügte Bild zu schicken[2].

Glauben Sie mir noch, daß ich nichts vergessen habe? Ich habe Ihnen für so vieles zu danken!

Wie schön waren die Stunden in Ihrem Hause. Hoffentlich sind Sie gesund und geborgen in Christus, dem wir entgegenwandern.

Bitte grüßen Sie Ihre freundliche Pflegerin[3] und seien Sie herzlichst gegrüßt von Ihrem Schüler   (s)

---

[1] Es handelt sich ausnahmsweise um eine Postkarte, die jedoch als Brief auf die Post gebracht worden ist (vgl. FN 2).

[2] Das Bild liegt der Postkarte nicht mehr bei.

[3] Gemeint ist Frau Anni Stand [Br 21 FN 2, sowie Br 24 FN 6 Punkt b)].

28 (h)

Eilbrief[1]

Herrn
Professor Carl Schmitt
597 Pasel bei Plettenberg

Hochverehrter herzverehrter lieber Professor Carl Schmitt!!

Da wird nun morgen, nach 53 Jahren, mir eine Doktorfeier übergestülpt: 15 mir fremde „Professoren" oder Dozenten + Verwandten ohne Sie als Hauptperson. Die Worte werden mir im Halse stecken bleiben[2]. Vielleicht ist ein Spitzel vom SSD[3] dabei, denn ich habe nicht die notwendige Genehmigung von der DDR.

Vor der Abreise nach Leipzig
einen Brief an Sie.

---

[1] Ganz oben hat C. S. handschriftlich diese Bemerkungen angebracht: (a) „Poststempel Bonn 7/IX.78"; (b) „erhalten Do.[nnerstag] 13/9/78 – lag (eine Woche?) im Briefkasten am Haus"; (c) einige Worte in der Gabelsberger Kurzschrift (nur ‚Taubes?' ist leserlich).

[2] a) Tatsächlich ist W. B., aus Anlaß seines Goldenen Doktorjubiläums, am 8. September 1978 im Dekanat der Bonner Rechts- und Staatswissenschaftlichen Fakultät die erneuerte Urkunde überreicht worden. Es waren etwa 60 geladene Gäste anwesend, darunter die ganze Familie Becker und alte Freunde des Quickborns [Br 2 FN 2]. Laut seinem Brief an H. Bung [Br 21 FN 1 Punkt b)] vom 31. Juli 1978 hatte W. B., angesicht des hohen Alters seines Doktorvaters und der Tatsache, daß die Entscheidung über seine Einladung mit bei Ernst *Friesenhahn* lag, es vorgezogen, nicht mal den Versuch zu machen, „ihm [C. S.] eine Einladung zu erwirken". Nach einer kurzen Ansprache des Dekans Gerd *Kleinheyer* (geb. 1931) hielt W. B. einen Vortrag über „Strukturwandel der katholischen Kirche? Schritte zur wahren Universalität", in dem er C. S. öfter zitierte [Br 29 FN 18 Punkt b)]. Der anschließende Imbiß wurde von W. B.s Bruder Curt [Einleitung FN 3] ausgerichtet. Nebenbei gesagt, C. S. hatte dennoch von der bevorstehenden Feier erfahren, denn W. Warnach [Br 22 FN 2] hatte angerufen und war, als er erfuhr, daß C. S. nicht eingeladen war, der Feier aus Protest ferngeblieben, ohne sich vorher nach dem Grund zu erkundigen. H. Bung hat C. S. schriftlich über den Verlauf der Feier unterrichtet.

b) Ernst Friesenhahn (1901 - 1984), Bonner Doktorand C. S.s [Anlage B] und im Sommersemester 1930 sein Assistent an der Handelshochschule Berlin, amtierte 1951 - 63 als Bundesverfassungsrichter. Er ging 1933 seinem Lehrer gegenüber auf Distanz, und als C. S. nach Kriegsende eine Initiative ergreifen wollte oder im Rheinland an einer Ehrung beteiligt werden sollte, befürchteten C. S.s Freunde, daß Friesenhahn Minen legen würde. Dessenungeachtet hat er 1983 von neuem Kontakt zu C. S. gesucht.

c) Nach dem Erscheinen meines „Versuchs einer Carl-Schmitt-Bibliographie" (Düsseldorf: Academia Moralis, 1953, 43 S.) erhielt ich von Friesenhahn eine Unmenge Berichtigungen und Ergänzungen, ja sogar entlegene Schriften und Artikel, die ich mit der Schreibmaschine kopierte (Kopierapparate waren damals noch selten und die Ablichtungen sowohl teuer als auch schlecht). Allerdings hieß es in seinem

Schreiben vom 30. März 1961: „Noch eine Bitte: Wenn Sie Ihre C. S.-Bibliographie neu herausbringen, so möchte ich auf keinen Fall genannt werden, daß ich Sie mit Hinweisen und Material versorgt habe." Es ist zum ersten Mal, daß ich das Faktum mitteile, übrigens mit Dankbarkeit.

[3] SSD = der in der ehemaligen DDR operierende Staatssicherheitsdienst.

29 (m)

7031 Leipzig, den 10.10.1978
Karl Heine-Straße 110

Hochverehrter, lieber Professor Carl Schmitt![1]

Sie können sich denken, wie wenig es zu mir paßt, hinter einer Mauer zu leben, und immer wieder gibt es Situationen, die mir das bedrückend zu Bewußtsein bringen. Ich wußte nicht, daß Sie Ihren 90. Geburtstag gefeiert haben, und wenn dann nach länger Zeit die Nachricht zu mir kommt, so erschlägt der Kummer, nicht bei den Glückwünschenden gewesen zu sein, die Initiative zum Briefe schreiben.

Daß ich 50 Jahre nach der um 3 Jahre verspäteten Ausstellung meines Doktordiploms[2] von der Bonner Universität geehrt werden sollte, brachte mich auch in eine schwierige Situation. Die DDR hätte mit Sicherheit das Visum für eine Reise nach Bonn verweigert, und die vom Staat gewährte Rentnerreise darf nicht für solche Zwecke umfunktioniert werden. Ein 65jähriger Arzt darf „drüben" nicht Patienten behandeln, ein Priester nicht öffentlich predigen, und beide dürfen keine Fachkongresse besuchen. Gäbe es in der Welt eine allseitig normale Situation, so wäre ich am 23. Juli 1975 nach Plettenberg gefahren und wir hätten den wirklichen 50. Jahrestag zusammen gefeiert.[3]

Ich danke Ihnen ja unendlich viel, lieber Carl Schmitt. Im Mai 1924 gab mir Waldemar Gurian bei einem nächtlichen Besuch in seiner Kölner Redaktion[4] die Anregung, zu Ihnen nach Bonn zu fahren, und so kam ein Besuch und ein Spaziergang zustande. Sie haben mir den für Ihr Leben entscheidenden Autor genannt[5] und einem Unbekannten, Ihrem jüngsten Schüler, Ihr Lieblingsthema gegeben. Ich hatte niemals Englisch gelernt, sah aber die Möglichkeit, zu einem Pazifistenkongreß Marc Sangniers nach London zu fahren[6]. Für die Promotion waren zwei Bonner Semester vorgeschrieben. Ich war aber durch meine Anstellung als Sekretär Guardinis noch an Berlin gebunden. So ließ ich mich zwar in Bonn immatrikulieren, blieb aber in Berlin. In Bonn erschien ich zwei bis dreimal im Seminar von *Bilfinger*[7], der auf Grund einer Hausarbeit von mir über Artikel 48 auf mich aufmerksam geworden war. Ich hatte mich in der Frage einer möglichen Diktatur des Reichspräsidenten mit meinem Freund Josef *Wirmer* beraten, den ja *Hitler* später als seinen eigentlichen Feind grausam hinrichten ließ[8].

In Ihrem berühmten Bonner Seminar gaben Sie mir das Schlußreferat über „Definition der Demokratie nach Schmitt". In diesem Referat versuchte ich, mich Ihnen und Hobbes gegenüber mit Hilfe des heiligen *Thomas von Aquin*[9] selbständig zu machen – und Sie haben das merkwürdigerweise von Anfang an anerkannt.

Im Januar 1925 sagten Sie mir so nebenbei, daß das Semesterende im Februar eigentlich ein schöner Termin für die Fertigstellung des Entwurfs meiner Doktorarbeit sei. Ich fing an zu schreiben und hielt den Entschluß durch, nicht eher zu Bett zu gehen, bis 5 Seiten standen. Also brauchte ich für 150 Seiten 30 Tage und fügte dann noch ein Kapitel an: Hobbes als Religionsstifter. Nach Abgabe der Arbeit sagten Sie mir: „Dies Kapitel lassen wir lieber weg, es kommt mir knabenhaft vor."[10] Ich habe auch jetzt keine Erinnerung mehr daran –, da alle meine 1943 ausgelagerten Papiere verbrannt wurden, kein Exemplar mehr.

Zu meiner Freude hat mein Bruder Ihnen eine Fotokopie meiner Dissertation zugeschickt. Ich möchte Sie aber warnen, sie wieder zu lesen. Der Schluß ist nicht mehr so interessant wie der Anfang, und Sie haben wahrscheinlich das Prädikat „ausgezeichnet" schon formuliert, ehe Sie es zu Ende gelesen hatten. Das einzige, was im Druck erschien, ist ja der Artikel „Hobbes" im Staatslexikon der Görres-Gesellschaft[11], und der einzige Autor, dem ich meine Doktorarbeit zugeschickt hatte, ist der polnische Graf Zbigniew Lubienski, in dessen Hobbes-Buch sich viele Zitate befinden[12].

Kurz vor dem mündlichen Examen nahmen Sie mir das Versprechen ab, kein Buch mehr anzurühren: „Ich wünsche ausgeruhte Examenskandidaten vor mir zu sehen." Statt richtige Prüfungsantworten zu geben, brachte ich Sie zum fruchtbaren Nachdenken über die Rechtsnatur des Saargebietes[13]. Als Professor Landsberg die Prädikate im Staatsrecht und im Kirchenrecht sah, ging er über mein Versagen in der Strafrechtsprüfung hinweg mit der Bemerkung: „Sie wollen sich ja nicht für Strafrecht habilitieren."

Erinnern Sie sich noch an Schwippschwägerin Hildegard *Chorus* (Frau Dr. *Rademacher*, Bonn), die auch Erik Peterson gern leiden mochte[14]. Jedenfalls gab es unvergeßliche Abendstunden nicht nur im Bonner Bürgerverein.

Damals wollte ich eigentlich das Philosophicum in zwei Semestern schaffen, blieb aber den ganzen Winter in Paris, wo ich mit Gurian und *Dankworth*[15] in einem Studentenhotel wohnte. Nach meiner Rückkehr wurde mir die Redaktion der Zeitschrift „Abendland" übertragen. Im Zusammenhang mit dem Fall des Erzbischofs *Lefebvre*[16], der für mich schon während des Konzils eine Feindfigur war, bin ich wieder auf die Action française[17] gestoßen, die ich damals in Paris studieren konnte.

Ich weiß nicht, ob es Ihnen recht war, daß ich so drauf los erzählt habe. Es gab ja auch noch später einen Zeitpunkt, da sich unsere Wege gekreuzt haben, als ich zusammen mit Ihrer lieben Frau am Tor des Lagers Wannsee stand[18].

In diesen Tagen und Wochen habe ich die kleine Abteilung Carl Schmitt in meiner Bibliothek wieder mal vor mir aufgebaut, mit den Ergänzungen, die ich durch Dr. Bung erhalten hatte. Ich freue mich, daß ich so manches mit einer Widmung von Ihnen besitze und jetzt auch das französische Sonderheft[19]. Ich will Dr. *Theunissen*[20] schreiben, daß er mir auch den Anfang Ihrer fast uferlosen Bibliographie schickt[21].

Mein größter Auftrag für dieses Jahr ist, ein Vorwort zu einer gelehrten Newmanbiographie zu schreiben[22]. Ich merke, daß ich nicht dazu geschaffen bin, die Bilanz irgendwelcher meiner Lebenslinien zu ziehen. Von Papst Paul haben wir richtige Vermächtnisse, aus dem Heiligen Jahr, das er als Gipfelpunkt seines Lebens erfahren hat, den schönen Text über die Evangelisierung der Welt von heute. Er hat ja immer seine Werke seiner schwachen Gesundheit abgerungen, und er sah vor sich eine Zeit zwischen Lebensabend und Lebensnacht (aber: Osternacht = Sieg über alle Finsternis), in der es ihm aufgegeben war, eine Bilanz zu ziehen, auch angesichts der Möglichkeit, von nun an für die Kirche zu leiden statt des schmerzlichen Versuchs, sie zu lenken. Das ist bei mir anders. Ich möchte weiter die kleinen Aufgaben erfüllen, die ich als Verpflichtung spüre: Irgendwo eine Brücke schlagen im Gespräch, besonders mit Menschen anderer Herkunft und Situation, möchte die Kirche in ihrer neugewonnenen Ökumenizität verteidigen helfen... Da sind Rezensionen zu schreiben, die ich vor Jahren und Jahrzehnten versprochen habe, da kommen immer wieder Einladungen evangelischer Pfarrerkreise zu mir.

Aber wie mag es Ihnen ergehen? Kürzlich habe ich in dem letzten Band der über 30 000 Briefseiten gelesen, die Kardinal Newman hinterlassen hat. Er ist nicht so alt geworden wie Sie, wagte aber nicht mehr zu zelebrieren, seitdem seine Hände zitterten. Er wußte, daß er auch in seinen Freunden weiterleben würde, wollte aber, daß sein bester Freund William *Neville* das von ihm gegründete Oratorium leiten sollte. Es gibt einen Zettel von Kardinal Newmans letzten Lebensjahr: „Ich setze hiermit die Konstitutionen des Oratoriums außer Kraft und bestimme meinen Nachfolger selbst." Resignation im Krieg mit Kard. *Manning*[23]. „Wir beiden gehören verschiedenen Religionen an."

Manche Leute lesen Bücher über das Altwerden. Ich weiß nur das eine, daß jedes Lebensalter vor Gott sinnvoll ist. Und Ihnen, lieber Professor Carl Schmitt, wünsche ich, daß Sie mit der Kraft Ihres Herzens und Ihres Geistes immer tiefer in das Geheimnis der Führungen Gottes eindringen, in denen ich Ihr Leben glaubend und hoffend geborgen weiß.

Die Liebe ist stärker als der Tod, sie ist ja das Gesetz des Lebens.

Und nun ist es doch etwas wie eine Bilanz: Ich möchte Sie um Verzeihung bitten, daß ich Sie so lange ohne Echo gelassen habe.

Und so grüße ich Sie
Ihr getreuer Schüler (s)

PS: Es trifft sich gut, daß mich meine Sekretärin auf eine Neuerscheinung aufmerksam gemacht hat[24]! Ich schicke Ihnen den Leviathan mit marxistischer Frisur von Leipzig aus zu[25].

---

[1] Ganz oben hat C. S. handschriftlich (und schwer leserlich!) geschrieben: „Hinweis! W. B. Arbeit als Probe-Exemplar [an?] B. Willms, Boch[um] 5/5/80". Der Bochumer Politologe Bernard Willms hat sich als Hobbes-Kenner einen Namen gemacht [Br 2 FN 17]; über ihn u.a. Roberto *Farneti,* „‚Niuna terra, niun cielo'. Bernard Willms e la storia della filosofia", in: De Cive (Rom), 1. Jg. Nr. 1, Januar - Juni 1996, S. 25 - 28.

[2] C. S. hat den Teilsatz „der um ... diploms" unterstrichen und am Rande geschrieben: „Doktor[?]".

[3] C. S. hat den Teilsatz „so ... 1975" und die Formel „wirklichen 50. Jahrestag" unterstrichen und am Rande geschrieben: „23. Juli 1925".

[4] Gurian [Br 19 FN 5 Punkt a), sowie Anlage A, 2. Brief FN 10] trat nach seiner Promotion (1923) in die Nachtredaktion der „Kölnischen Volkszeitung" ein, gab diese Stelle bereits nach kurzer Zeit auf und lebte ab November 1924 als freier Schriftsteller in Bonn-Bad-Godesberg.

[5] Gemeint ist selbstverständlich Thomas Hobbes.

[6] Vgl. Br 2 FN 4.

[7] Über den mit C. S. befreundeten Staatsrechtler Carl *Bilfinger* (1879 - 1958), der in Tübingen, Bonn, Halle a.d. Saale und Heidelberg

gelehrt hat, vgl. den Nachruf seines Kollegen Rudolf *Smend* (1882 - 1975) in: Zeitschrift für ausländisches öffentliches Recht und Völkerrecht, 20. Jg. Nr. 1 - 2, 1959 - 60, S. 1 - 4.

[8] Rechtsanwalt Joseph *Wirmer* (1901 - 1944) sollte in der vom *Goerdeler*-Kreis vorgesehenen postnazistischen Regierung als Justizminister amtieren.

[9] Es handelt sich wohl nicht um W. B., art. cit. [Br 19 FN 7 Punkt a)], sondern um ein nicht-veröffentlichtes Referat.

[10] Am Rande hat C. S. eine leider nicht entzifferbare Bemerkung geschrieben, die sich auf das abgelehnte Kapitel bezieht.

[11] Vgl. jedoch Einführung FN 5.

[12] Vgl. Br 9 FN 3.

[13] Vgl. Br 9 FN 3.

[14] Hildegard *Chorus* (1907 - 1996), eine Schwester von Trudel *Chorus* (1905 - 1987), der Gattin von W. B.s Bruder Curt [Einleitung FN 3], war verheiratet mit dem Kunsthistoriker und Bonner Landesmuseumsdirektor (nicht: Professor!) Franz *Rademacher* (1899 - 1987). Die Schwestern waren Töchter des Landgerichtspräsidenten in Trier Albert *Chorus* (1872 - 1930).

[15] a) Herbert *Dankworth* (1898 - ?), ein überzeugter Pazifist, war Korrespondenz der „Rhein-Mainischen Volkszeitung" [Br 8 FN 6] in Paris, hat aber auch dem „Abendland" [Einleitung FN 7 Punkt a)] kürzere Artikel zur Verfügung gestellt; auch schrieb er gelegentlich für die „Europäische Revue" (u.a. den Artikel „Zwei europäische Strömungen", 2. Jahrg. Nr. 3, 1. Juni 1926, S. 179 - 183). Außerdem hat er Bücher veröffentlicht, u.a. Die Entwicklung der großdeutschen Idee, Mönchengladbach: Volksvereins-Verlag, 1926, 74 S., Nr. 141 - 142 in der ‚Staatsbürger-Bibliothek'.

b) In diesem Zusammenhang sind drei Hinweise erwähnenswert:
– dem an mich gerichteten Brief W. B.s vom 14. Mai 1973 entnehme ich diesen Satz: „Prof. Maritain war 1926 [in Paris] mein Lehrer, und ich war auch in seiner Familie." Über Maritain, vgl. Br 9 FN 2. Meiner Bitte, von den an Maritain gerichteten Briefen W. B.s Ablichtungen zur Verfügung zu stellen, konnte das Archiv Maritain in Kolbsheim nicht nachkommen, weil „wir grundsätzlich von Inedita keine Photokopien verschicken" (Brief vom 17. Dezember 1996; meine freie Übersetzung);
– W. B. hat in Paris katholischen Kundgebungen beigewohnt; vgl. seinen Bericht „Die fünfte Werkwoche katholischer Schriftsteller in Paris", in: Abendland [Einleitung FN 7 Punkt a)], 2. Jg. Nr. 5, Februar 1927, S. 155 - 156;

– mit W. Gurian [Br 19 FN 5 Punkt a)] hat er in Paris Lucien *Romier* interviewt: „Deutschland und Frankreich im neuen Europa", in: Abendland, 2. Jg. Nr. 6, März 1927, S. 169 - 172. Über diesen französischen Autor, vgl. die Monographie von Christine *Roussel,* Lucien Romier (1885 - 1944). Historien, économiste, journaliste, homme politique, Paris: Eds France-Empire, 1979, 253 S. Und zu seinem damals Furore machenden, im Interview zentral stehenden Buch „Explication de notre temps" (Paris: Grasset, 1925, XV - 289 S.), vgl. die Besprechungen von (a) Pierre *Frieden,* „Politisches Bekenntnis eines Franzosen", in: Abendland [Einleitung FN 7 Punkt a)], 1. Jg. Nr. 1, 1. Oktober 1925, S. 16 - 18; (b) Hermann *Bahr* (1863 - 1934), „Selbstkritik Frankreichs", in: Hochland, 23. Jg. Nr. 2, November 1925, S. 236 - 240; (c) Erwin *von Beckerath* [1889 - 1964] in: Schmollers Jahrbuch für Gesetzgebung, Verwaltung und Volkswirtschaft, 50. Jg. Nr. 4, 1926, S. 125 - 134; (d) C. S, „Eine französische Kritik der Zeit", in: Wirtschaftsdienst [Hamburg], 11. Jg. Nr. 18, 7. Mai 1926, S. 593 - 594; (e) Wladimir *d'Ormesson* (1888 - 1973) in: Europäische Revue, 2. Jg. Nr. 3, 1. Juni 1926, S. 199 - 200.

[16] Der französische Pater Marcel *Lefebvre* (1905 - 1991) arbeitete als Missionar in Gabon bis er 1955 zum Erzbischof von Dakar ernannt wurde. Seine Ablehnung des II. Vatikanischen Konzils hatte schismatische Konsequenzen: 1970 eröffnete er in Ecône (Schweiz) das erste traditionalistische Seminar. Lefebvre wurde aber erst exkommuniziert, als er 1988 vier Bischöfe weihte. Vgl. den ausführlichen Nachruf von Heinz *Schmolke* und Heinz-Theo *Homann,* „Mit den Waffen der Wahrheit. Zum Tode von Erzbischof Marcel Lefebvre", in: Rex (Köln), 6. Jg., Nr. 8, 1. September 1991, S. 1 - 11.

[17] a) Im Zusammenhang mit der berühmten *Dreyfus*-Affäre kam es in Frankreich zur Gründung einer extrem-rechten politischen Bewegung, die von Charles *Maurras* (1868 - 1952) geführt wurde und in der Zeitung „L'Action française" den sog. ‚nationalisme intégral' und die Wiedereinführung der Monarchie befürwortete. Der 1926 verhängte und erst 1930 aufgehobene kirchliche Bann hat die Bewegung gelähmt, die nach dem Rückzug der deutschen Besatzungsarmee erfolgte sog. ‚épuration' hat ihr den Todesstoß versetzt. Aus der umfangreichen Literatur über die A. F. und Maurras wähle ich zwei neuere Titel, die als erster Einstieg in diese Materie geeignet sind: Colette Capitan *Peter* (geb. 1932), Charles Maurras et l'idéologie d'Action française. Etude sociologique d'une pensée de droite, Paris: Eds du Seuil, 1972, 223 S., in der Reihe ‚Esprit', und Maurice *Weyembergh* (geb. 1937), Charles Maurras et la Révolution française, Paris: Vrin, 1992, V - 147 S. Lesenswert ist noch immer die zeitgenössische Studie von H. Bahr [FN 15 Punkt b)], „Charles Maurras", in: Hochland, 24. Jg. Nr. 3 und 4, Dezember 1926 und Januar 1927, S. 259 - 269 bzw. 452 - 461. Vgl. auch Br 2 FN 4 Punkt b).

b) W. B. hat sich in der Zeitschrift „Abendland" [Einleitung FN 7 Punkt a)] zweimal mit der ‚Action Française', insbesondere mit ihrer kirchlichen Verurteilung, befaßt: unter eigenem Namen und ausführlich, „Die neue Politik Pius XI.", 2. Jg. Nr. 5, Februar 1927, S. 142 - 145, und anonym und kurz in: 3. Jg. Nr. 3, Dezember 1927, S. 95.

c) C. S. ist Sympathie für die ‚Action française' nachgesagt worden; vgl. jedoch C. Muths [Br 12 FN 4] Brief vom 26. Juni 1926, in dem er C. S. um Verständnis bat für die Tatsache, daß eine unglückliche Wendung in einem Artikel von Karl Neundörfer [Br 4 FN 9] über die Kirchenpolitik des italienischen Faschismus nicht umstilisiert worden war: „...Ich sehe aus Ihrem Brief, daß Sie die Bemerkung über die ‚Richtung Carl Schmitts' in dem Sinn auffaßten, als ob Sie damit den atheistischen Kulturkatholiken Frankreichs beigeordnet wären..."; Ellen *Kennedy* hat den vollständigen (von ihr übersetzten) Abschnitt abgedruckt in der „Introduction" (S. XIII - L) zu ihrer Übertragung eines C. S.-Buchs, The Crisis of Parliamentary Democracy, Cambridge (Mass., USA), The MIT Press, 1985, L - 132 S. (dort S. XIV). Daß C. S. darüber hinaus als der deutsche Maurras hingestellt werden konnte, geht auf das Konto von Gurian [Br 19 FN 5 Punkt a)]; vgl. B. Nichtweiß, op. cit. [Br 5 FN 3], S. 729. Es sei in diesem Zusammenhang daran erinnert, daß W. Gurian der ‚Action Française' viele Artikel und zwei Schriften gewidmet hat: Die Kirche und die Action française. Eine prinzipielle Darlegung, Paderborn: Verlag der Jungfermannschen Buchhandlung, 1927, 18 S., Nr. 19 in der Reihe ‚Flugblätter katholischer Erneuerung', und: Der integrale Nationalismus in Frankreich. Charles Maurras und die Action française, Frankfurt a. M.: Klostermann, 1931, VIII - 131 S. (vgl. dazu G. St. [sc. Gustav *Steinbömer*, 1881 - 1972], „Zur Geschichte und Bedeutung der Action française", in: Der Ring, 4. Jg. Nr. 31, 31. Juli 1931, S. 587 - 588). – C. S. hat seinerseits Ramiro *de Maeztu y Whitney* (1874 - 1936) als den spanischen Maurras bezeichnet; vgl. A. Mohler [Hrsg.], op. cit. [Br 4 FN 4 Punkt c)], S. 100: Brief Nr. 67 vom 17. Juli 1951. Außerdem hat er sich gefragt, ob „Jünger wohl der deutsche Maurras werden könnte"; vgl. Fr. Blei [Br 6 FN 1 Punkt b)], „Ein deutsches Gespräch", in: Neue Schweizer Rundschau, 24. Jg., Juli 1931, S. 518 - 533 (dort S. 527 und 529). – Vgl. auch C. S., op. cit. [Br 21 FN 4], S. 49 FN 1.

d) Erwähnenswert ist die Tatsache, daß die Dissertation des Rumänen Mihail *Farcasanu* (geb. 1907) (Über die geistesgeschichtliche Entwicklung des Begriffes der Monarchie, Würzburg: Triltsch, 1938, VIII - l02 S.) Maurras gewidmet war (S. III), sein Doktorvater C. S. davon erst während der Drucklegung erfuhr und bei dem Dekan schriftlich mit der Bitte vorsprach, diese Widmung nicht zu verbieten. Vgl. Chr. Tilitzki [Br 6 FN 3], „Carl Schmitt – Staatsrechtslehrer in Berlin. Einblicke in seinen Wirkungskreis anhand der Fakultätsakten

1934 - 1944", in: Siebte Etappe (Bonn), Oktober 1991, S. 62 - 117; dort S. 115 - 116 FN 52.

[18] a) C. S. verblieb vom 26. September 1945 bis zum 12. September 1946 im amerikanischen Internierungslager Berlin-Wannsee. – Vgl. Einleitung FN 15.

b) Während der Feier anläßlich seines 50. Doktorjubiläums [Br 28 FN 2 Punkt a)] erzählte W. B., „daß er als C. S.-Schüler von Ossip *Flechtheim* in US-Offiziersuniform [im Lager Wannsee] vernommen worden sei und F. mit den Worten geschlossen habe: ‚Carl Schmitt ist doch der größte deutsche Denker'." (Quelle: Brief von H. Bung [Br 21 FN 1 Punkt a)] an C. S. aus dem Spätjahr 1978).

c) Zu Ossip K. Flechtheim (geb. 1909), dem Erfinder des Wortes Futurologie, vgl. P. Tommissen (Hrsg.), Schmittiana II, Berlin: Akademie Verlag, 1990, 164 S.; dort S. 142 - 148: „Bemerkungen zum Verhör Carl Schmitts durch Ossip Flechtheim (von einem deutschen Juristen)".

[19] Gemeint ist P. Tommissen und Julien *Freund* (1921 - 1993) (Hrsg.), Miroir de Carl Schmitt, in: Revue européenne des sciences sociales. Cahiers Vilfredo Pareto, 16. Jg., Nr 44, Juli 1978, 238 S.

[20] Am Rande hat C. S. handschriftlich diese Korrektur vorgenommen: „Tommissen" statt „Theunissen".

[21] Darum hat er mich jedoch nicht gebeten.

[22] Charles Stephen *Dessain*, John Henry Newman. Wegweiser der Erneuerung der Kirche, Leipzig: St. Benno-Verlag, 1980, 331 S.

[23] Der konvertierte Henry Edward *Manning* (1808 - 1892) wurde 1865 zum Bischof von Westminster geweiht, 1875 zum Kardinal erhoben. Er war ein Widersacher seines Kollegen Newman, dessen Ideen er als zu liberal empfand.

[24] Es kann nur eine Arbeit über C. S. gemeint sein.

[25] Es ist nicht ohne weiteres ersichtlich, welche Publikation gemeint sein könnte.

Anlagen

A. Zwei Briefe
B. C. S.s Bonner Doktoranden

A.

Zwei Briefe

Die nachfolgenden Briefe enthalten Einzelheiten, die die in den Briefen W. B.s enthaltenen Informationen entweder bestätigen oder ergänzen. Zum besseren Verständnis seien zwei Hinweise vorangestellt:

a) Der gelernte Jurist Rudolf Jestaedt (geb. 1921), der 1939 - 40 einen herzlichen Kontakt mit W. B. hatte und im Wintersemester 1940 - 41 bei C. S. hörte[1], promovierte nach Kriegsende in Mainz und verbrachte ein Studienjahr in den U.S.A. (1951), trat dann in das Auswärtige Amt der Bundesrepublik Deutschland ein und war an den Botschaften Belgrad, Lissabon und Moskau tätig, 1972 - 76 Generalkonsul in Antwerpen und zuletzt Botschafter im Königreich Dänemark. Meiner Bitte entsprechend hat er seine Erinnerungen an W. B. und C. S. im nachstehenden Brief zusammengefaßt [1. Brief];

b) Ich habe mich bereits Anfang 1952 mit W. B. in Verbindung gesetzt, aber leider ist mir seine Antwort abhanden gekommen. Auf Grund eines Ratschlags von H. Bung [Br 21 FN 1 Punkt b)] kontaktierte ich ihn später von neuem und wiederum mit Erfolg: einige Details konnte ich in die Fußnoten einarbeiten, das interessante Schreiben W. B.s teile ich jedoch in extenso mit [2. Brief].

---

[1] Herr Jestaedt schrieb mir unter dem 18. Juni 1994, er habe zur gleichen Zeit wie bei C. S., bei dem seiner anti-nationalsozialistischer Gesinnung wegen aus dem Berliner Lehrkörper entfernten Guardini [Br 2 FN 1] illegal Vorlesungen gehört, und zwar im katholischen Studentenkreis am Tiergarten, der nach außen als Pension ‚Freese' getarnt war. Das Faktum war H.-B. Gerl [Br 2 FN 1] nicht bekannt; sie hat es erst nachträglich von Herrn Jestaedt erfahren.

Anlagen

1. Brief (m)

Bonn, den 19. April 1993

Sehr geehrter Herr Professor Tommissen!

Heute möchte ich nun Ihrer Bitte in Ihrem Brief vom 25.3.93 (meinen Zwischenbescheid haben Sie sicherlich erhalten) entsprechen und Ihnen einiges über mein Verhältnis zu Dr. Werner Becker und Carl Schmitt berichten.

1. Ich habe 1939/40 zwei Semester Jura an der Universität Leipzig studiert. Da ich – nicht mein Verdienst – aus einem katholischen Haus und einer alten Zentrumsfamilie[2] komme, habe ich kurz nach meiner Ankunft in Leipzig den dortigen katholischen Studentenseelsorger Dr. Werner Becker aufgesucht, mit ihm ein langes einführendes Gespräch geführt und sehr bald gemerkt, welch besonderes Geisteskind er war. Er erzählte mir bei diesem ersten Gespräch, er sei ursprünglich Jurist gewesen, habe auf das starke Drängen seines Vaters in Bonn über Thomas Hobbes bei Carl Schmitt promoviert

---

[2] Das Zentrum hat sich aus einer ‚Katholischen Fraktion', die sich 1852 im Preußischen Abgeordnetenhaus gebildet hatte, allmählich zu einer einflußreichen politischen Partei entwickelt, die sich u.a. im Kirchenkampf (1870 - 87) bewährte. In der Weimarer Republik war das Zentrum an jeder Regierungsbildung beteiligt. 1933 stimmte die Partei, die ab 1928 von Monsignore Ludwig *Kaas* (1888 - 1952) – mit dem C. S. sich 1925 entzweit hatte: vgl. P. Tommissen (Hrsg.), op. cit. [Br 29 FN 25 Punkt a)], S. 326 – geführt wurde, dem Ermächtigungsgesetz zu und löste sich dann freiwillig auf. Als erster Einstieg in die Geschichte des Zentrums ist der diesbezügliche Artikel von R. Morsey [Br 5 FN 2] geeignet, in: Staatslexikon (hrsg. von der Görres-Gesellschaft), 7. Aufl., Bd 5 = 1989, Sp. 1153-1157. Über die Schlußphase, vgl. Herbert *Hömig*, Das preußische Zentrum in der Weimarer Republik, Mainz: Matthias-Grünewald-Verlag, 1979, XLVIII - 340 S., Nr. 28 in der Reihe B der ‚Veröffentlichungen der Kommission für Zeitgeschichte'; auch H. Hürten [Br 19 FN 5 Punkt a)], „Das Schicksal der Deutschen Zentrumspartei in universaler Perspektive. Eine diskrete Polemik Alcide *de Gasperis* gegen Jacques Maritain", S. 657 - 667 in v.a., Staat und Parteien. Festschrift für Rudolf Morsey zum 65. Geburtstag, Berlin: Duncker & Humblot, 1992, XII - 1120 S. – Vgl. auch Br 5 FN 2; zu Maritain Br 9 FN 2 Punkt b).

(obwohl er bereits Theologe gewesen sei[3], der Vater habe die Promotion verlangt, damit der Sohn, wenn er sein Theologiestudium abbrechen sollte, wenigstens Dr. jur. sei und bei einer Versicherungsgesellschaft arbeiten könne!) und habe dann seine theologischen Studien mit der Priesterweihe beendet. Später sei er als Studentenseelsorger nach Marburg a. d. Lahn gegangen, dort sei für ihn der Boden „politisch heiß" geworden, so daß er sich um die Stelle als Studentenseelsorger in Leipzig, einer großen Diasporastadt aus katholischer Sicht, beworben habe[4]. Seine englischen Sprachkenntnisse, an Thomas Hobbes geschult, habe er dann dazu benutzt, sich der großen Gestalt von Kardinal Newman literarisch anzunehmen, da in der katholischen Theologie Deutschlands nur wenige der damaligen Theologen der englischen Sprache mächtig gewesen seien[5].

Dr. Becker schilderte mir die Schwierigkeiten der Studentenseelsorge unter dem Nazi-Regime und betonte, „legal" sei eigentlich nur die Liturgie. Alles andere sei verboten und werde von der Gestapo entsprechend überwacht. Ich bin dann die beiden Semester ziemlich aktiv in der Studentenseelsorge als Mitglied der Gemeinde tätig gewesen. Zwar spielte dabei die Liturgie eine große Rolle, wir diskutierten aber auch allgemeine religiöse und philosophische Fragen der damaligen Zeit, auch den Rassismus des Naziregimes, ein Punkt, auf den Becker besonderen Wert legte. Die Gottesdienste fanden meist in der

---

[3] Vgl. jedoch die anderslautende Angabe in der Einleitung.
[4] Vgl. eine andere Angabe in der Einleitung.
[5] a) Vgl. das Buch des mit C. S. befreundeten Jesuiten Erich *Przywara* (1889 - 1972), In und Gegen. Stellungnahmen zur Zeit, Nürnberg: Glock und Lutz, 1955, 440 S.; dort S. 32: „Die Geschichte dieses Kampfes in Deutschland um Newman hat Werner Becker mit behutsamer Hand geschrieben (Newman-Studien [Br 13 FN 3], Zweite Folge, Nürnberg 1954, S. 281 bis 306." Dieser Aufsatzband enthält auch ein Bekenntnis zu C. S. (S. 244 - 245 und 246); es gipfelt in der Schlußfolgerung, daß „der Gegensatz *Foerster*-Schmitt das eigentlich Preußische, wie es *Schneider* geradezu als praeambulum des eigentlich Christlichen zu zeichnen" gewagt hat (S. 246).
b) (a) Friedrich Wilhelm Foerster (1869 - 1966), antipreußischer Preuße par excellence, ist als Pädagoge und Pazifist auch außerhalb Deutschlands bekannt geworden; Przywara zufolge hätte er „Carl

114   Anlagen

Kirche der Oratorianer (kein Orden, sondern eine Priestergemeinschaft)[6] in der Heinestr. statt. Wir machten auch „verbotenerweise" wiederholt Ausflüge in die anmutige Umgebung von Leipzig.

2. Als ich Dr. Becker mitteilte, ich wolle nach einem Semester in München gern ein Semester in Berlin studieren, sagte er mir, ich müsse dann unbedingt seinen Lehrer Carl Schmitt besuchen, er werde mir einen Brief an C. S. mitgeben.

Mir war nach zwei Semestern klar, welche Bedeutung C. S. für das Staatsrecht Deutschlands hatte, umsomehr begrüßte ich es, daß Becker, – mich jetzt kennend – offen mit mir über C. S. sprach. C. S. sei ein begnadeter Universitätslehrer gewesen (was ich nach meiner Berliner Zeit nur bestätigen konnte) weil er in seinem nüchternen Stil in Vorlesungen und Seminaren den Stu-

---

Schmitt als ‚Weltfeind Nr. 1' am liebsten in Nürnberg aufgehängt" (S. 245). Seine gelinde gesagt dubiose Rolle während des Ersten Weltkriegs und nach 1918 hat er (Erlebte Weltgeschichte 1869 - 1953. Memoiren, Nürnberg: Glock & Lutz, 1953, 719 S.; vgl. auch Franz *Pöggeler,* „Zwischen den Stühlen. Hinweise auf Friedrich Wilhelm Foerster/Zu seinem 90. Geburtstag", in: Frankfurter Allgemeine Zeitung, Nr. 124, 2. Juni 1959, S. 12) vertuscht, wie sich aus den ihn betreffenden Angaben in einer wichtigen Monographie des Berliner Historikers Henning *Köhler* (geb. 1938) ergibt: Novemberrevolution und Frankreich. Die französische Deutschlandpolitik 1918 - 1919, Düsseldorf: Droste, 1980, 352 S. Das auch für H. Ball [Br 19 FN 5 Punkt a)] zutreffende Faktum wurde bisher nie erwähnt; vgl. beispielsweise Wilhelm *Alff* (geb. 1918), „Deutsche Opposition im Exil während des Ersten Weltkriegs", S. 54 - 78 in Gottfried *Heinemann* (geb. 1949) und Wolfdietrich *Schmied-Kowarzik* (geb. 1939) (Hrsg.), Sabotage des Schicksals. Für Ulrich *Sonnemann* [1912 - 1993], Tübingen: Konkursbuchverlag, 1982, 412 S.

– (b) Der Dichter Reinhold Schneider (1903 - 1958) schrieb u.a. drei Dramen, von Przywara als „eine ‚Trilogie vom Reich'" bezeichnet (S. 254). Wichtig ist sein autobiographisches Buch: Verhüllter Tag. Lebensbericht, Köln/Olten: Hegner, 1954, 228 S. (vgl. dazu die Besprechung von Oswalt *von Nostiz* [geb. 1908], „Nur das Leiden?", in: Wort und Wahrheit [Wien], 9. Jg. Nr. 11, November 1954, S. 868 - 870). Als Einführung in sein Werk und Denken ist ein Aufsatz des Historikers Albert *Mirgeler* (1901 - 1979) geeignet: „Die Kreuzigung der Geschichte. Das Werk Reinhold Schneiders und der Abschied vom Abendland", in: Wort und Wahrheit, 9. Jg. Nr. 9, September 1954, S. 690 - 694.

[6] Vgl. Einleitung FN 9.

A. Zwei Briefe 115

denten viel beibringen konnte. Dieses Urteil gelte, obwohl zwischen seinem Lehrer und ihm ab 1934 eine zunehmende Entfremdung stattgefunden habe. Anlaß dazu seien Schmitts Rechtfertigung der Morde am 30. Juni 1934 und der gravierende Antisemitismus von C. S. gewesen[7]. Er habe sich veranlaßt gesehen, seinem Lehrer einige Aufsätze über die beiden Problemkreise mit der Bemerkung zurückzuschicken: „Hier trennen sich unsere Wege". Schmitt habe darauf verärgert reagiert. Bei Schmitt müsse man immer folgendes bedenken: Seine Eitelkeit habe ihn leider zu manchem „komischen" Verhalten veranlaßt. Es sei eine „Todsünde" gewesen, seinen Vornamen mit „K" zu schreiben, auch schätze er überhaupt nicht die Anrede „Herr Professor", sondern nur „Herr Staatsrat". Letzteres – so Becker zu mir – sollte ich mir besonders merken.

Auch seine Haltung zur katholischen Kirche sei – leider Gottes – von Schmitts Eitelkeit bestimmt gewesen. Er habe der Kirche vorgeworfen, daß sie seine Ehe – die Ehe eines so berühmten Staatsrechtslehrers – nicht nullifiziert habe. Das habe dazu geführt, daß sich Schmitt mehr und mehr von der Kirche abgewandt habe[8].

---

[7] C. S., „Der Führer schützt das Recht" (1934), S. 199 - 203 in seinem Sammelband: Positionen und Begriffe im Kampf mit Weimar-Genf-Versailles 1923 - 1939, Berlin: Duncker & Humblot, (1940) 1994, 322 S. Es sei darauf hingewiesen, daß C. S.s Motive und der ‚berüchtigte' Aufsatz seit einiger Zeit milder beurteilt werden. Vgl. G. Krauss [Br 4 FN 2 Punkt b)], „Erinnerungen an Carl Schmitt. Teil V: Das Jahr 1934", in P. Tommissen (Hrsg.), op. cit. [Br 29 FN 18 Punkt c)], S. 90 - 101 (dort S. 93 - 99: „III. ‚Der Führer schützt das Recht'"), und Frank Lucien *Lorenz* (geb. 1958), „Carl Schmitt: Juristische Form kraft Repräsentation im Staats- und Strafverfahrensrecht", in: Zeitschrift für Neuere Rechtsgeschichte, 18. Jg. Nr. 3 - 4, 1996, S. 260 - 277 (dort S. 268 - 270: „3. Schutz des Strafrechts kraft Repräsentation: Die Affäre Röhm - ‚Der Führer schützt das Recht'"). Dieser Aufsatz löste eine scharfe Ablehnung von Michael *Stolleis* (geb. 1941) und eine Erwiderung von Lorenz aus: „Apologie kraft Interpretation" bzw. „Wer ist der ‚Hüter der wissenschaftlichen Ordnung'?", in: Zeitschrift für Neuere Rechtsgeschichte, 19. Jahrg. Nr. 1 - 2, 1997, S. 100 - 102 bzw. 103 - 107.

[8] Es mag sein, daß C. S. sich damals von der Kirche entfernt hat, den Glauben hat er jedoch nicht verleugnet. Nicht von ungefähr hat Helmut Quaritsch (geb. 1930) die Katholizität als eine der vier

Auch das Verhältnis zum Nazismus sei von der Eitelkeit Schmitts beeinflußt gewesen. Nachdem die SS im „Schwarzen Corps" ihn heftig angegriffen und des „Hegelianismus" bezichtigt habe (meines Erachtens war der „Vorwurf" zutreffend)[9], sei Schmitt in seinem Verhältnis zum Nazismus sehr unsicher geworden, zumal einige seiner Berliner Kollegen, vor allem Reinhard *Höhn* (er lebt heute noch), ihm ebenfalls vorgeworfen hätten, er habe das Wesen des Nazismus, den Rassegedanken, nie begriffen[10]. In dieser Situation habe sich – so Dr. Becker – Schmitt mehr und mehr auf das Völkerrecht zurückgezogen und gegenüber dem Nazistaat Reserve gezeigt. Becker nannte das mir gegenüber „die zweite Wende von C. S."

Grundprägungen C. S.s herausgeschält: Positionen und Begriffe Carl Schmitts, Berlin: Duncker & Humblot, (1989) 1995, 130 S.; dort S. 25 - 35. – Neuerdings vertritt der österreichische Theologe Wolfgang *Palaver* (geb. 1958) die These von C. S.s ‚Heidenchristentum': Die mythischen Quellen des Politischen. Carl Schmitts Freund-Feind-Theorie, Stuttgart: Kohlhammer, angezeigt, etwa 80 S., Nr. 27 in der Reihe ‚Beiträge zur Friedensethik' (es handelt sich um die Buchausgabe einer überarbeiteten und ergänzten Fassung des Schlußkapitels seiner Innsbrucker Habil-Schrift: Die mythischen Quellen des Werkes von Carl Schmitt. Eine theologische Kritik, 1996, 210 hektographierte S.).

[9] X, „Eine peinliche Ehrenrettung" und „Es wird immer noch peinlicher", in: Das Schwarze Korps, Folge 49 (3. Dezember 1936), S. 14, bzw. 50 (10. Dezember 1936), S. 2. In diesen Artikeln geht es nicht um C. S.s *Hegel*-Auffassung, sondern es werden seine Beziehungen zum Katholizismus und zu einzelnen jüdischen Professoren aufgedeckt.

[10] Es trifft zu, daß Reinhart *Höhn* (geb. 1904), der seinen Lehrstuhl in Berlin einer Empfehlung C. S.s zu verdanken haben soll (vgl. P. Tommissen [Hrsg.], Schmittiana V, Berlin: Duncker & Humblot, 1996, 332 S.; dort S. 323 – das undatierte Gutachten befindet sich im Archiv der Humboldt-Universität Berlin, Bestand Jur. Fak. Nr. 499, Bd. 7a, Bl. 209) und dem es, im Gegensatz zu C. S., nach Kriegsende gelang, von neuem Karriere zu machen (vgl. P. Tommissen [Hrsg.], op. cit. [Br 4 FN 2 Punkt a)], S. 151 FN 14), die Thesen seines Kollegen wiederholt abgelehnt bzw. bekämpft hat. Darüber hinaus war er, in seiner Eigenschaft als Leiter der Zentralstelle II/2 im SD-Hauptamt, zuständig für die Akte C. S. (vgl. Raphael Gross [geb. 1966], „Politische Polykratie 1936. Die legendenumwobene SD-Akte Carl Schmitt", in: Tel Aviver Jahrbuch für deutsche Geschichte, 23. Jg., 1994, S. 115 - 143).

A. Zwei Briefe   117

3. Als ich im September 1940 nach Berlin kam, suchte ich sehr bald den „Herrn Staatsrat" in seinem Zimmer in der Universität auf, überreichte ihm den Brief von Dr. Becker und fand einen sehr liebenswürdigen Herrn vor mir, der sich eingehend nach Becker erkundigte, die Studentenseelsorge für sehr gut fand und sich auch mit mir beschäftigte, als er hörte, daß ich aus dem katholischen Fulda stammte. Am Schluß des Gesprächs fragte er mich, ob er etwas für mich tun könne. Ich erwiderte: Ich würde gern in Ihr völkerrechtliches Seminar kommen (wohl wissend, daß C. S. besonders hohe Anforderungen an die Teilnahme seiner Seminare stellte). Schmitt sagte sofort zu, und so habe ich ihn im Seminar näher kennengelernt. Das Thema des Seminars befaßte sich mit Rechtsfragen aus „Land und Meer", teilweise wiedergegeben in dem Schmitt'schen Büchlein „Land und Meer" „Meiner Tochter Anima erzählt" 1942[11]. Hier im Seminar war C. S., ein großer Dialektiker, ganz in seinem Element. Er liebte sehr den Widerspruch und versuchte die Argumente zu zerpflücken. Da ich in Berlin als Jurist ein sehr arbeitsreiches Semester hatte, war das Seminar des „Herrn Staatsrats" immer eine besondere Erholung. Ich habe noch den Seminarschein, wo C. S. bescheinigt, ich hätte „mit gutem Erfolg" an dem Seminar teilgenommen.

Bei meinem Abschiedsbesuch, kurz vor Weihnachten, erklärte mir C. S., wenn ich bei ihm promovieren wolle, sei ich jederzeit willkommen.

4. Statt Promotion kam die Einziehung zur Wehrmacht und danach die Kriegsgefangenschaft bei den Briten. Ende November 1946 kam ich aus England zurück, studierte in Mainz und promovierte dort über das Reichskonkordat in der nazistischen

---

[11] C. S., Land und Meer. Eine weltgeschichtliche Betrachtung, Köln: Hohenheim Verlag, (1941) 1981, 109 S., in der Reihe ‚Edition Maschke'; die Widmung dort S. 5. In seinem Brief an den Geschichtsphilosophen Erich *Rothacker* (1888 - 1965) vom 30. April 1949 kennzeichnet C. S. das Bändchen folgendermaßen: „Meine kleine Schrift ‚Land und Meer' sollte ein Schritt über das Mythologische ins Mythische sein. Deshalb ist z.B. die Stelle von den beiden Jägern (S. 23) lehrreich als Korrektiv vieler oberflächlicher Fragestellungen zu der uns sonst zerschneidenden Option zwischen Osten und Westen."

Staats- und Verwaltungspraxis[12]. Meine Arbeit übersandte ich C. S. nach Plettenberg. Er lobte sie sehr, hatte nur Bedenken gegen meine Bemerkungen über „seinen" Hegel. Da trennen sich unsere Wege.

Ich habe noch mehrmals mit C. S. korrespondiert, finde aber leider in meiner Bibliothek nicht die entsprechenden Briefe, die nichts besonderes enthielten – mit einer Ausnahme, die mir gut im Gedächtnis geblieben ist: „Nach jahrzehntelanger rechtswissenschaftlicher Erfahrung bin ich – C. S. – der Meinung, daß von den rechtlichen Disziplinen nur Römisches Recht, Katholisches Kirchenrecht und Völkerrecht Bestand haben werden. Alles andere ist reines Papier".

Zum Schluß möchte ich noch auf folgendes aufmerksam machen: Ich weiß nicht, welches Exemplar der Doktorarbeit von Werner Becker Sie besitzen. Die hiesige Universitätsbibliothek besitzt ein maschinenschriftliches Exemplar dieser Arbeit mit Anmerkungen von C. S. Ich habe sie einmal selbst gelesen. Die Anmerkungen sind recht aufschlußreich. Becker wurde aus Anlaß der 50jährigen Wiederkehr seines Doktorats von der hiesigen juristischen Fakultät in einem Festakt besonders geehrt.

Vielleicht können Sie mit meinen Anmerkungen einiges anfangen. Die „Schmittiana" besitze ich noch nicht.

Mit freundlichen Grüßen in das von uns sehr geliebte Königreich der Belgier

(s = Jestaedt)

---

[12] R. Jestaedt, „Das Reichskonkordat vom 20. Juli 1933 in der nationalsozialistischen Staats- und Verwaltungspraxis unter besonderer Berücksichtigung des Artikels 1", in: Archiv für katholisches Kirchenrecht, 124. Bd, 1949 - 50, S. 335 - 430. Doktorvater war Adalbert *Erler* (1904 - 1992).

A. Zwei Briefe 119

2. Brief (m)

7031 Leipzig, den 8.10.1971
Karl-Heine-Straße 110

Sehr verehrter Herr Doktor [Tommissen]![1]

Durch Ihren Freund waren Sie bereits bei mir aufs Beste eingeführt[2], und ich danke Ihnen herzlich für Ihren ausführlichen Brief. Ich stehe Ihnen jederzeit zu Auskünften zur Verfügung.

Von meiner Dissertation über Hobbes ist im Druck nur ein kurzer Auszug erschienen: Es ist der Artikel „Hobbes" im Staatslexikon der Görres-Gesellschaft von 1926[3]. Meine Dissertation ist in der Deutschen Bücherei in Leipzig vorhanden. Der einzige Hobbes-Spezialist, der sie gelesen hat, ist der Graf Zbigniew Lubienski, der Ende der 20iger Jahre ein Buch über Hobbes geschrieben hat[4] und dabei meine Arbeit verwertete.

Ich habe in Bonn zum ersten Mal 1924 Besuch gemacht. Im Wintersemester 1924/25 war ich mit meinem Lehrer sehr oft zusammen. 1933 habe ich mich mit ihm über die Frage des Antisemitismus verzankt, und erst 1940 kam es zu einem Wiedersehen, als ich ihn zufällig in Berlin auf der Straße traf[5].

1926 wurde ich Redakteur der Zeitschrift „Abendland". Dort habe ich einen Aufsatz über Probleme des Völkerrechts geschrieben, der ihm sehr gut gefallen hat[6]. Mein Aufsatz in der Zeitschrift „Die Schildgenossen", 5. Jg., September 1925, S. 459 - 478 ist Ihnen wohl bekannt[7]. Im gleichen Jahrgang der

---

[1] Das Postskriptum ist handschriftlich hinzugefügt.
[2] Es handelt sich um H. Bung [Br 21 FN 1 Punkt b)], der W. B. tatsächlich in einem Postskriptum seines Briefes an W. B. vom 30. Juni 1971 auf mich hingewiesen hatte.
[3] Hier hat das Gedächtnis W. B. offensichtlich im Stich gelassen; vgl. Einleitung FN 4.
[4] Vgl. Br 9 FN 3 und Br 19 FN 13.
[5] Vgl. auch Br 12.
[6] W. B., „Naturrecht und Völkerrecht", in: Abendland [Einleitung FN 6 Punkt a)], 1. Jg. Nr. 7, 1. April 1926, S. 220 - 221.
[7] Vgl. Br 19 FN 7 Punkt a).

Zeitschrift befindet sich auf Seite 313 - 322 ein Nachdruck über das Rheinland[8].

Für heute einen herzlichen Gruß
von Ihrem

(W. B.)

Damals war C. S. noch mit Peterson befreundet. Er hat in Bonn nur 3 Dissertationen mit „summa cum laude" bewertet (*Forsthoff*, Werner *Weber* und mich)[9]. C. S. hatte 3 Lieblingsthemen: Donoso Cortés (Franken), de Lamennais (W. Gurian), Hobbes. Die Arbeit meines Studienfreundes Gurian ist nicht fertig geworden (Teildruck 1927 in „Die Schildgenossen" erschienen, 7. Jg. S. 499 - 517, 8. Jg. S. 1 - 23)[10]. Aus dem 8. Jg.

---

[8] C. S., „Um das Schicksal des Politischen", in: Die Schildgenossen (Br. 5 FN 1], 5. Jg. Nr. 4, 1925, S. 313 - 322. Es handelt sich um einen mit C. S.s Erlaubnis wiedergegebenen Teilabdruck des Vortrags, den er auf der Jahrtausendfeier der rheinischen Zentrumspartei [Anlage A, 1. Brief FN 2] gehalten hat; der vollständige Text ist in deutscher und in englischer Sprache als Broschüre verbreitet worden.

[9] a) Zu Peterson, vgl. Br 5 FN 3.
b) Zur Bewertung der Dissertation von W. B., vgl. Einleitung FN 5 Punkt a).

[10] a) Die Dissertation von W. Gurian [Br 19 N 5 Punkt a)] handelte über: Die deutsche Jugendbewegung, Habelschwerdt: Franckes Buchhandlung, 1923, 63 S.; Doktorvater war M. Scheler [Br 19 FN 6]. Angesichts ihrer stilistischen und inhaltlichen Schwächen, ist das Urteil von H. Hürten nur beizupflichten: op. cit. [Br 19 FN 5 Punkt a)], S. 9: „Diese Schrift ist als Dissertation einer deutschen Universität wahrhaft erstaunlich." Dennoch wurde das Büchlein positiv gewürdigt von A. D. A. in: Hochland, 21. Jg. Nr. 10, Juli 1924, S. 439 - 441. Bezeichnend ist übrigens das Fazit, das Hürten gezogen hat am Schluß der Diskussion seines Vortrags „Waldemar Gurian und die Entfaltung des Totalitarismusbegriffs", S. 59 - 70 (Text) und 71 - 73 (Diskussion) in Hans Maier [Br 19 FN 3 Punkt a)] (Hrsg.), op. cit. [Br 2 FN 11]; dort S. 73: „Gurian ist von Haus aus kein Wissenschaftler, sondern ein Publizist."
b) W. Gurian, „*Lamennais*", in: Die Schildgenossen [Br 5 FN 1], 7. Jg. Nr. 6, November - Dezember 1927, S. 499 - 517, und 8. Jg. Nr. 1,

A. Zwei Briefe

werden Sie besonders die Seiten 127 - 142 interessieren – die Nachschrift eines Vortrages, der m. W. sonst nie veröffentlicht wurde[11].

Januar - Februar 1928, S. 1 - 23. Weiterhin sein Buch: Die politischen und sozialen Ideen des französischen Katholizismus 1789/1914, Mönchengladbach: Volksvereins-Verlag, 1929, XV - 418 S.; dort S. VIII: „...Herr Professor Carl Schmitt regte die Beschäftigung mit Lamennais an, ... Zahlreiche Gespräche mit dem Bonner Staatsrechtslehrer in den Jahren 1924 - 26 haben stark zur Klärung der Anschauungen des Verfassers beigetragen." – Gurian hat sich auch weiterhin mit diesem Thema befaßt; vgl. den aus dem Amerikanischen (1947) übersetzten Aufsatz „Lamennais", in: Perspektiven, Nr. 3, Mai 1953, S. 69 - 85.

c) Dem Gurian betreffenden langen Abschnitt des an mich gerichteten Briefes W. B.s vom 27. Februar 1972 entnehme ich diese Präzisierung: „...1926 traf ich Gurian in Paris wieder, wir wohnten im selben Hotel und arbeiteten beide für die Kölnische Volkszeitung, die mir später einen besonderen Auftrag für französische Kirchenpolitik gab. Wir beide interessierten uns sehr für die Verurteilung der ‚Action Française' [Br 29 FN 17 Punkt b)],..."

[11] „Der bürgerliche Rechsstaat", in: Die Schildgenossen, 8. Jg. Nr. 2, März - April 1928, S. 127 - 133; dort S. 127 FN 1: „Die nachfolgenden Ausführungen sind eine Niederschrift Dr. Werner Beckers nach einem Vortrag von Prof. Dr. Carl Schmitt. Das Manuskript ist von Carl Schmitt durchgesehen und wird mit dessen Zustimmung in den ‚Schildgenossen' veröffentlicht." Merkwürdigerweise wurde diese Niederschrift unter C. S.s Name, also ohne Erwähnung von W. B., gleichzeitig veröffentlicht in: Abendland [Einleitung FN 7 Punkt a)], 3. Jg. Nr. 7, April 1928, S. 201 - 203.

B.

C. S.s Bonner Doktoranden

Im Postskriptum des als Anlage 2 abgedruckten Schreibens ist die Rede von einigen Dissertationen, die C. S. in Bonn betreut hat. Im Interesse der Forschung liste ich sie in dieser Anlage in chronologischer Reihenfolge auf[1]. Jedesmal erwähne ich den Namen des Doktoranden, den Tag der Promotion und den Namen des Zweitreferenten, den Titel der Dissertation und, sofern bekannt, die Seitenzahl des maschinenschriftlichen Originals; Dissertationen, die gedruckt vorliegen, werden als solche gekennzeichnet (*)[1]. Über das Schicksal einiger der in Betracht kommenden Doktoranden ist Näheres bekannt: *Zimmer* gründete 1945 die CDU in Rheinland-Pfalz, amtierte in diesem Land 1951 - 57 als Minister und war 1957 - 66 Mitglied des Bundestags; *Daniels* wurde Notar und war 1956 - 69 Oberbürgermeister von Bonn; *Huber, Kirchheimer* und Weber wurden Hochschullehrer; über Friesenhahn, vgl. Br 28 FN 2 Punkt b).

    1. Walther *von Dahl* (geb. 1901) – den 14. April 1924; Prof. Hans *Schreuer* (1866 - 1931) – „Über die Umwandlung der Stellung der Frau im öffentlichen Leben" (149 S.)

---

[1] Diese Liste beruht hauptsächlich auf Angaben der Bonner Staats- und Rechtswissenschaftlichen Fakultät (Briefe vom 6. September 1985 und 16. Januar 1987). Merkwürdigerweise fehlt in diesen Angaben ein Hinweis auf W. B.s Dissertation [vgl. Einleitung FN 5 Punkt a)]. Daß in den Angaben ebensowenig die Rede ist von dem in dem an mich gerichteten Brief W. S.s vom 14. Mai 1973 erwähnten, ebenfalls aus Mönchengladbach stammenden späteren Ministerialrat Paul Heinrich *Franken* (1903 - 1984) hängt mit dem Umstand zusammen, daß er das Thema Donoso Cortés nicht bearbeitet hat, hingegen eine Dissertation über „Franz *von Bucholtz* bis zu seiner Übersiedlung nach Wien" (1932; Doktorvater: Professor Aloys *Schulte* [1857 - 1941]) geschrieben hat.

2. Aloys *Zimmer* (1896 - 1973) – den 9. Mai 1924; Prof. Schreuer – „Parlamentarismus und Föderalismus"

3. Karl *Weber* (geb. 1898) – den 2. August 1924; Prof. Hermann *Aubin* (1885 - 1969) – „Die Geschichte der rheinischen Gemeindeordnung vom 23. Juli 1845" (199 S.)

4. Ewald *Bergemann* (geb. 1899) – den 2. August 1924; Prof. A. Bilfinger [Br 29 FN 7] – „Die Gesetzgebung im Saargebiet" (104 S.)

5. Anton *Betz* (geb. 1893) – den 26. Juli 1924; Prof. Schreuer – „Beiträge zur Ideengeschichte der Staats- und Finanzpolitik der deutschen Zentrumspartei von 1870 - 1918" (156 S.)

6. Felix *Schneider* (geb. 1873) – 10. März 1925; Prof. Heinrich Göppert [Einleitung FN 3 Punkt b) – „Die deutschen Konien unter den Mandatsbestimmungen des Versailler Friedensvertrages" (224 S.);

7. W. B. [Einleitung FN 4]

8. Joseph *Willms* (geb. 1895) – den 1. August 1925; Prof. E. Landsberg [Br 24 FN 4] – „Das monarchische Prinzip und der Ausnahmezustand"

9. Joseph *Schlosser* (geb. 1871) – den 5. März 1926; Prof. J. Heimberger [Br 24 FN 2] – „Die rechtliche Stellung der Religionsgesellschaften hinsichtlich des Religionsunterrichts nach der Verfassung vom 11. August 1919"

10. Fritz *Wiese* (geb. 1903) – den 2. August 1926; Prof. E. Landsberg [Br 24 FN 4] – „Die Stellung des deutschen Reichstagspräsidenten"

11. Heinrich *Lenz* (geb. 1901) – den 10. September 1926; Prof. Hans *Dölle* (1893 - 1980) – „Autorität und Demokratie in der Staatslehre Kelsens"

12. Joseph *Stein* (geb. 1897) – den 21. Februar 1927; Prof. H. Göppert – „Die Teilnahme der Gewerkschaften an der Gesetzgebung"

13. Ernst Rudolf *Huber* (1903 - 1990) – den 20. Mai 1927; Prof. Adolf Josef *Zycha* (1871 - 1948) – „Die Gewährleistung der kirchlichen Vermögensrechte durch die Weimarer Verfassung" (171 S.) (*)
14. Carl Georg *Hirsch* (geb. 1903) – den 12. März 1928; Prof. Fritz *Schulz* (1879 - 1957) – „Die rechtliche Stellung der internationalen Beamten unter besonderer Berücksichtigung der Funktionäre des Völkerbunds-Sekretariats in Genf" (70 S.) (*)
15. Ernst Friesenhahn [Br 28 FN 2 Punkt b)] – den 15. März 1928; Prof. Alexander Graf *zu Dohna* (1876 - 1944) – „Der politische Eid" (141 S.) (*)
16. Otto *Kirchheimer* (1905 - 1965) – den 15. Mai 1928; Prof. ? – „Zur Staatstheorie des Sozialismus und Bolschewismus" (*)
17. Wilhelm *Daniels* (1903 - 1977) – den 21. Dezember 1928; Prof. H. Dölle – „Der historische Begriff der bürgerlichen Rechtsstreitigkeit in der Rechtsprechung des Reichsgerichts" (*)
18. Emil *Gerber* (geb. 1897) – den 3. September 1929; Prof. E. Landsberg – „Der staatstheoretische Begriff der Repräsentation in Deutschland zwischen Wiener Kongreß und Märzrevolution"
19. Rudolf *Iserloh* (geb. 1904) – den 24. April 1930; Prof. A. J. Zycha – „Die Kontrolle des Völkerbundes über die B-Mandate" (160 S.) (*)
20. Johann-Heinrich *Wilckens* (geb. 1903) – den 17. Juli 1930; Prof. F. Schulz – „Die Entwicklung des Abrüstungsbegriffs"
21. Werner *Weber* (1904 - 1976) – den 6. Dezember 1930; Prof. A. J. Zycha – „Parlamentarische Unvereinbarkeiten" (94 S.) (*)
22. Hermann *Reiners* (geb. 1900) – den 30. September 1932; Prof. Schreuer – „Bolingbrokes politische Lehren" (*)